岩泉拓哉
TAKUYA IWAIZUMI

どこでも必要とされる人はいかに考え、動くのか

自分の「殻」をやぶる生き方

Be the person they say,
“We can’t afford to be without you.”

すばる舎リンケージ

今、あなたが変わるとき……まえがきに代えて

高いレベルで目標を達成し、優秀な成果が出ているときは、誰でも前向きに仕事に取り組めていることだろう。やはり、結果が出たときの充実感は格別だ。自分は貢献しているという手応えが持てるし、周囲からも期待され、必要とされていることが何よりも嬉しい。

しかし、人生、すべからく順風満帆とは、どうしたっていかない。山があれば谷もある。必ず、うまくいかないときが訪れる。

それまで順調に伸びてきた成果が頭打ちとなり、伸び悩みが顕著になる。手を抜いているわけではないし、これまでと同じぐらい自分では頑張っているつもりだ。それ

でも結果がついてこない。

同じ状況下でも、着実に成果を上げて、さらに前に進もうとしているメンバーがいる。本来ならば、良きライバルとなるはずだが、余裕のない自分にとっては、その存在自体が重荷となる。

周りの反応も少しずつ変わっていくように感じる。

「意識が低いのではないか」「なぜ、もっと真剣にやらないのか」「もっとできるだろうに」……。

そんな無言のプレッシャーを痛いほど感じる。

自分は真面目に取り組んでいる。しかし、どうしても結果がついてこない。これ以上、どうすればいいのだ。むしろ、周りの理解が足りないのではないか。

自分は以前のように大切にされていない。認められてもいないし、必要ともされてない。本当に、このまま、ここに居続けていいのだろうか……こんなマイナス思考に陥ってしまう。

誰もが、好き好んで自分の殻に閉じこもってしまうわけではない。人が頑なになるときには、それなりの理由がある。本書は、こうした行き詰まった状況から抜け出すために、一筋の光になりたいと思っている。

ただし、本書で述べる言葉は決して甘くない。むしろ、辛辣で劇薬に近い言葉が並んでいる。

「大丈夫、今のままでいい」

「そのうち、きっと何とかなる」

こうした言葉で共感することはできても、それが、根本的な解決にはならないことは明らかだ。うまく進んでいない状況を肯定し、一時、傷をふさいだところで、人生が好転することは百%ない。そうした耳障りのいい言葉を並べても、その人のためにはならないのだ。

自分の「殻」に閉じこもったとき、人が取る行動は二つのパターンに分かれる。

自分が変わろうとするか。

他人が変わるのを待つか。

このいずれかだ。

本書では一貫して、前者の大切さを説く。その重要性をくどいほど訴えていく。

自分の人生を生きるのは自分。

自分の人生を好転させられるのも、やはり、自分しかいないからだ。


いかなる状況であろうとも、ビジネスでは成果が問われる。非常にシビアだ。稼がなければ存在感など望むべくもない。

それぐらい、ビジネスの世界は厳しい。

その一方で、ビジネスは誰にでもチャンスが訪れる、とてもフェアな環境である。生まれ持った身体能力や才能で、成果が決まるわけではない。行動一つ、アイデア一つで、誰でも成功できる可能性を持っている。人の数だけ成功の形がある。

もしも今、あなたが自分のやり方、行動パターンに頑なにこだわり、そこから抜け出せていないのであれば、ビジネスの無限の可能性に目を向けてほしい。自分の視点を広げるのだ。近視的に世界を眺め、実像をゆがませてはいけない。

自分のやり方で成果が出なくなっているのなら、それを変えればいいのだ。

成功のパターンは無限であり、過去のやり方がうまく機能しなくなったのであれば、そこに新たな手法を加えていけばいい。

どんなものも形を止めず、絶えず変化を繰り返す。自分だけは変わりたくない、変わる必要がないと思っても、それは無理なのだ。

成果をいかにして出すか、それは自分が解決すべき「課題」に過ぎない。その課題にどう対処するか、それだけが問われる。

自分が変わることは、これまでの自分を否定することとは全然違う。むしろ、自分でも気づかなかった、新たな可能性に出会うための挑戦だ。あなたにとっては、飛躍のチャンスなのである。

本書は、すばる舎で刊行された『普通じゃ、ダメなんだ!』を現代に復活させた。おかげさまで、本書はたくさんの人に読んでいただき、版を十回も重ねることができた。当時と今では時代背景が異なるが、どんな時代にも通じるビジネスのエッセンスを本書に詰め込んだ。自己変革を続け、期待以上の成果を上げる仕事術、行動術にフォーカスする。

人生は百年時代を迎え、生涯現役で働き続ける状況がすぐそこまで来ている。定年という制度は、おそらくなくなっていく。ならば、自分の武器を携えて、この長いスパンをおもしろおかしく、そして成果を出し続けて生きていきたい。

人は何歳になっても変わることができる。私はそう信じている。

しかし、現実には、変わらない人もたくさんいるし、変わることを拒む人もいる。変わることによって手にできる成果よりも、変わる煩わしさから逃れ、自分のワークスタイルやライフスタイルを続けてしまう。夢や希望があっても、それを手にする行動を起こすより、不平や不満を抱えながら生きることを選択する。

そんな生き方は、本当にもったいない。

あなたを成功に導くキーワード、それは「行動」と「挑戦」だ。

やらない理由、できない理由を、自分以外の他のものに転嫁し、自分の「殻」に閉じこもって生きていく。それは、自分をごまかしながら生きていくのと同義だ。

甘い考え方は持たないことだ。

シビアな現実をしっかりと受け止め、自分自身もシビアに評価してみる必要がある。現在のあなた自身を振り返ってみて、正すべき点は正す努力をしてほしい。

自分の「殻」をやぶるのはゴールではなく、そこはスタート地点に過ぎない。

さらに行動を続け、自分の限界に挑むことを願っている。そこそこの成果で満足してはいけない。その先を目指そう。

あなたの変身ぶりに期待している。

岩泉　拓哉

二〇二〇年　晩秋

自分の「殻」をやぶる生き方　もくじ

第3章 付加価値のある仕事とは？

第4章 「やるか、やらないか」で生きてみよう

カバーデザイン　金澤　浩一

プロローグ

「君がいないと困る」といわれる存在になれ！

「君がいないと困る」といわれる存在になれ

自ら動く人には、たまらなくおもしろい時代

自分の責任のもとで、やりたいように生きてみる。今の時代は、それが許される。というより、そういう人が社会から求められている。

誰かに言われて「やらされる」のではなく、市場を見て、情報を集め、仮説を立てて、さっと動く。行動を抑制するブレーキが緩んでいて、自ら進んでやってしまう。やってみて、走りながら考える。

こうした人は付加価値を生み出し、どこで働こうと、どこにいても必要不可欠な存在となる。

逆に、**自ら動こうとしない人は存在感を失っていく**。これはもう間違いない。極論すれば、給料をもらうためだけに仕方なく仕事をしているような人は、いつでも取り

替えが効く存在でしかないということだ。

過去にうまくいっていたことが、あっという間に陳腐化し、機能しなくなってしまう時代だ。自分たちが最適だと思っていたやり方が、すぐに通用しなくなってしまう。

そんなときに、自分の殻に閉じこもり、過去のやり方に固執するのは非常に危険だ。

現実はとてもシビアなのだ。今はどこだって、時間を切り売りするような意識の人を抱え続けられる体力がない。経営状況が苦しくなれば、厳しい判断をせざるを得ないのだ。

とにかく、動いてみよう

残念ながら、**これから日本の景気が劇的に上向くことはない。**世界的な不況と内需の縮小で、ほぼすべての産業が苦戦を強いられ、生き残れる会社と淘汰される会社に二分される状況が生まれている。

それでは、業績を伸ばす条件とは何か？

伸びている企業は、とにかく動いている。社内では前向きな意見、アイデアが飛び交い、新しいものを生み出そうとする気概にあふれている。そこに、仕事のおもしろさを感じながら挑戦を続けている。

当然、リスクが伴う。でも、**何をしないよりもはるかにコスパは高い**。試行回数を増やすことが、成果を生み出す近道だと信じている。

逆に業績不振の企業は守りの姿勢に入っている。過去のやり方に囚われ、過去の焼き直しに終始し、幸運が舞い降りるのを待ち続ける。でも、そんな奇跡は決して訪れてはくれない。

コストばかりに目がいき、本来の目的であった「価値を創造する」ことから目を背けている。リスクを取って新たなことを試みない。本来ならば改革すべき点をほったらかし、放置している。だから組織が硬直化し、新しい芽が出てこないのだ。

二割の社員が変われば、経営風土そのものを変えることができると言われる。そういう社員が、率先して行動し、社内の改革の先頭に立つことで、組織そのものが活性化していくのである。

自分たちで変えよう、と号令をかけても、みなが一斉についてくるわけではない。はじめは多くの人が、お手並拝見とばかりに傍観している。

だが、そうした人たちが、**行動する人たちの熱量**に動かされ、あるいは「このままでは自分はまずい」と思い始め、徐々に、改革に加わっていくようになる。先頭に立って行動する人が現れないと永遠に変わらないのだ。二割の人が先に動くことで、三割、四割と行動する人の割合が増えていき、組織は活気づいていく。必然的に成長するようになる。

企業の二極化が進む現在では、**行動し、チャレンジする人がいるか否かが**、生死を決するのだ。決して大げさではなく、こうした人こそが宝となり、**「君がいないと困る」と頼られる存在になる**。

自らモチベーションを高める努力を

組織のモチベーションを下げる行動、これだけは絶対にしてはいけない。

何事にも後ろ向きの姿勢で自発的にやろうとしない。にもかかわらず、被害者意識だけが強く、不平・不満を垂れ流す。

「どうしてあれだけ、ネガティブな発想ができるのだろう」と感じる人が、あなたの周りにもいるだろう。その人を見てどう感じるだろうか。

仕事がうまくいかないと、商品が悪い、会社が悪い、上司が悪い、経営方針が悪いなど……。よくもそれだけ言えるものだと、ヘンに感心してしまう。

「その前に、あなたはどうなの？　本当に汗水たらして頑張ったの？」と問いたくなる。**「気持ちを切り替えて動けば、ちゃんとやれるんじゃないの」**と言いたくなる。後ろ向きの言動は、自分と向き合うことを拒否し、現実から逃避している証だ。

その結果、自分を自分の殻に閉じ込めてしまう。そうなると、ますます自発的に動けない。

自分の発言に、**他者批判が増えてきたら、それは危ない兆候**だ。そんなときは、自分の行動を振り返ってみる。「君はよくやっているね」と周りが認めてくれないようでは、組織のモチベーションを下げていると考えたほうがいい。

どんな仕事もラクではない。目の前の仕事をやり遂げるには、数多くのルーティン業務を一つずつ丁寧にこなしていく必要がある。こうした業務を地道に積み重ねていくことでしか、仕事の成果は生まれない。

だからこそ、**前向きな態度をつら抜く**。酸素が足りなくなったような苦しい顔をしていても、周りの空気を淀ませるだけだ。少々、脳天気に笑いながら、必死でペダルをこいだほうが、どう考えたってうまくいく。そのほうが、はるかに楽しい。

それに、会社という組織は問題の巣だ。どこか悪いところがあるのは当たり前。それを誰かのせいにし、批判して、何かいいことが一つでもあるのか。

会社の業績が良いときには、そのあたりがカモフラージュできることもあるだろうが、苦しい中で、みながもがいているときに、批判オンリーの人は目障りな存在でしかない。

自分の言動に無自覚でいると、誰もがそうなる可能性がある。**自分のモチベーションと言動は、意識的に、自分でコントロールする責任がある**のだ。

要は自分の問題なのだ

あなたが今、どういう境遇にいようとも、それは**あなた自身が蒔いた種**なのだ。責任の多くはあなた自身にある。

このように考えたほうが、**物事ははるかにうまくいく**。自分の責任と捉える習慣が身につけば、**自分でコントロールできる部分に目を向けられる**ようになる。他人に支配される時間が減るのだ。

そして、一つずつハードルをクリアしながら、自分が関与できる仕事の範囲を広げていく。ここでも原則は、さっさと動くことだ。

たしかに、経営者の怠慢で会社が潰れて失業する人も数多くいる。それは気の毒なことだが、その責任の一端は自分にもあるのではないか、と当事者意識を持って考えてみる。すべてがすべて経営者の責任だということもあるだろうが、そういうケースは稀である。

本当に潰れてしまう前に、「自分でなんとか変えてやろう」と、自分軸で考えられる人が一定数いれば、いくらでも挽回のチャンスは訪れる。

もし、あなたが所属する会社にそういう雰囲気があるのなら、必ずや苦境を乗り越えていけるだろう。

潰れていく会社には、そういう経営風土はなくなっている。業績悪化に歯止めがかからないのは、問題が山積みになっているという市場からの警告である。そうであるにもかかわらず、一向に問題を解決しようとせずに、みなが不平・不満ばかり言っている……。こんな状況が続けば会社は衰退していくばかりである。

問題が起これば、まず自分自身の問題と関連づけて考える。たとえば、あなたのセクションの目標が達成できないのなら、「自分が足を引っ張っていないだろうか」と自分の言動を省みる。もし、反省すべき点があるのなら、打開策を考えて提言する。そして自らが先頭に立って手本を示す……。こういう人が多ければ多いほど組織に活力が出てくる。

どういう状況であれ、**まずは自分の問題として捉える**努力をしてほしい。そういう人を企業だけではなく社会も求めているのである。

「存在感」をまといなさい

存在感というのは、行動と成果の総和で生まれる。

「何度断られても諦めずに、大口の取引先を開拓し、会社の窮地を救った」とか、「誰よりも行動回数を増やして、業績を三割もアップさせた」というように、**具体的な行動と成果がワンセット**になって、周りの評価が形成される。努力した過程だけではダメ。たまたまの成果だけでもダメなのだ。

行動と成果を積み重ねながら、**期待感と信頼感を身にまとっていく**。その結果、「君がいないと困る」と言われるようになり、抜群の存在感を周囲に与えるのだ。

人間には「美しい誤解」をするという側面がある。自分のことは二十％高く評価するが、他人は二十％低く評価すると言われる。その差は、なんと四十％だ。それぐらい人は、自分に甘く、他人に厳しい。

これが、さまざまな不満を生むこともある。「なぜ、私の評価がこんなに低いのか」と他人との比較も始まる。でも、そんなことをしたところで、残念なことに、自分の評価が上がるわけでもない。**自分自身の行動と成果にフォーカス**したほうが、よほど健全だ。

他人からの評価は低くなるということを踏まえて、自分自身を冷静に棚卸ししてみてほしい。

人にはそれぞれプラス面とマイナス面がある。万能な人なんて、ほぼいない。マイナス面があってもプラス面が大きければ、そこに存在感が生まれる。他者に対して明らかにマイナスの影響を与え続けていれば、「どうでもいい人」「めんどうな人」「あの人の言うことはスルーで大丈夫」といったレッテルを貼られる。そして、一度貼られたレッテルは、そう簡単にはがれない。

たとえば入社三～四年で貼られたレッテルは、その会社に籍を置く限りついて回る。よほどの成果を出さない限り、評価に大きな変化はない。

最終的には誰も助けてくれない。

いくら上司に可愛がられていても、実績が出なければ上司の気持ちも離れていくのだ。寂しいことだが、これが組織で働く人の宿命ではないだろうか。

周りの評価に振り回される必要はないが、それは、自分を客観的に見つめるモノサシでもある。

自分を評価しない人たちを恨むのではなく、いい仕事をすることを心がけ、その結果で語っていくしかない。自分のプラス面、できることに集中投下し、仕事のクオリティを上げていく。それでも成果が出なければ、周りのアドバイスに耳を傾け、自分のやり方を改善していく。

行動が成果につながらないときは、頑なになって、自分のやり方にこだわっているケースが多い。**フレキシブルかつ前向きに行動することで、ぽんと成果が出ることもある。**うまくいかない方法は自らの手で捨ててしまえばいい。

仮にあなたが会社を去るとすれば、どんな評価か？

仮に、あなたが退職することになった場合、堂々と、胸を張って会社から去ってほしい。「君に辞められたら困る」という評価を受けて辞めていくのだ。私自身、起業した身として、新たな山に登ろうとする人は積極的に応援する。

だが現実には、こうした人はひと握りだ。多くの人たちが「いてもいなくても大勢に影響はない」と言われ、辞めていく。本人は「俺が抜けたら会社は困る」と自負していても、単なる思い上がりに過ぎないということも多い。

なかには「いてくれないほうが、社内のモチベーションが高まる」と思われて辞める人もいる。若かろうが、希望早期退職だろうが、こうした評価を突きつけられるのはきつい。

辞めるときに会社が熱心に引きとめたり、これまでの功績を感謝されるような人は、その後もうまくいっている。私の周りを見ても、間違いなくそう言える。

逆に、そうでない人の場合は、何をしてもうまくいかず、行方の知れない人もいる。なんとか企業勤めができたとしても、年収が激減したと嘆いている人も数多い。むしろ、企業勤めができればいいほうだろう。これが現実である。

自分が今の会社を去ることを想像し、会社はどう評価しているのか問うてみる。

本当に行動してきたのか、挑戦をしてきたと胸を張れるか、成果を出すことにこだわってきたのか。

質問に対する回答がネガティブならば、これからその評価をくつがえせばいいのだ。ただ、さっさと動かないと、いつまでたっても状況は変わらない。

私の独断だが、次の項目をチェックしてほしい。

□今の仕事がおもしろくない
□ホンネは給料をもらうためだけに仕事をしている
□そこそこやっていれば法律も守ってくれるし解雇されることはないと考えている
□コストなど意識したことがない
□一生懸命やったのなら成果が出なくても仕方がないと思う
□目標を与えられても、「絶対に達成しよう」という意欲が沸いてこない
□自分に負荷がかかる仕事からは、つい逃げたくなる
□人前ではやるが、人が見ていないところではさぼりたくなる
□いつも、もう一歩が踏み出せない
□依頼心が強いほうだと思う

□「できない言い訳」を考えることが多い
□今までの人生で、「自分はよく頑張った」という経験がない
□いつかは誰かが助けてくれると思う

一つも当てはまらないことを祈るが、もしも、これらの項目の多くに心当たりがある場合、状況は深刻だ。ビジネスパーソンとして非常に甘い、と評価されていても仕方がない。

「終身雇用制度・年功序列制度」なるものはとっくの昔に崩壊している。いつ会社を去ってもいい。**どんな年代であろうが多額の報酬を得られるチャンス**もある。自らが力をつけ、成果を出す。**自分自身で自分の未来を決められる、**おもしろい時代だとは思わないだろうか。

具体的な行動で自分をプレゼンせよ

ベースアップや賞与の査定会議で、ある社員を評価する場合、評価者（上司や会社の上層部）の評価が大きく食い違うということは極めて少ない。

たとえば五人の評価者がS君を査定するとしよう。その際、ある評価者はA評価だが、ある評価者はD評価というような開きはまずない。あるとすると、あってはならないことだが私情が入り込んでいるだけだ。通常は、AかBかという程度の差である。会社というのは、社員一人ひとりの仕事ぶりを案外よく観察している。どういう意識で、どういう人生観で、仕事を捉えているのかも観察している。したがって、自分から「私は、これだけの成果を出しています」とアピールしなくても、評価すべき点はきちんと評価している。

それでも自分をアピールしたいのであれば、言葉で説得を試みるのではなく、何事においても**具体的に行動する**ことである。この**「具体的に」という点が重要**なのだ。なぜならビジネスというのは、すべて具体的な形にしなければ成立しないからである。

口でいくら立派なことを言っていても、具体的な成果に結びつかなければ、評価はゼロどころかマイナスになる。言葉で周囲を期待させておきながら、まったく行動が伴わないと、期待が失望に変わるのだから当然だ。

ビジネスパーソンは、まずは**具体的に行動することを優先**させる――。

これが大事である。そうすることで必ず道が開けてくる。

この**行動パターンを自らの強みとして確立**することだ。そして成果を出すことだ。これがあなたを認めさせる最高のプレゼンなのである。会社も「君に辞められたら困る」と思うだろう。そういう人材であることが、ビジネスパーソンとしての醍醐味でもある。

第1章

変われないのは、なぜなのか……？

1

あなたはどんな生き方をしているか？

――現実に目をそむけない

仕事は自分の責任でする

仕事も人生も自分の責任においてやる。当たり前のように思えるが、自分の責任においてやっているようで、他人に依存しているケースがとても多い。

「ぶら下がり社員」という言葉があるが、自分はそうではないと思っていても、結果としてそのような存在になっていることだってある。

入社当初、給料を手にしたとき、「早く一人前になって、もっと稼いで、もっと高い給料をもらいたい」と思った人も多いはずである。**稼ぐことに前向きな意識**があったはずだ。

しかし、毎月給料をもらうことに慣れていくと、「自分で稼ぐ」という意識が薄まってくる。順調に昇給していけば、このまま無難に働いていけば何とかなるかな……といった安定志向が頭をもたげる。もっと悪ければ、自分が稼がなくとも誰かが稼いで自分の取り分が増えないかな、などと都合のいいことを考えるようになる。

そういう考えが、頭に浮かんでしまったら、**自分の仕事ぶりを振り返ってほしい。**自分の稼ぎではなく、他人の成果に乗っかって、給料をもらっていないか。本当に、自立して、稼げていると言えるか。

自分が稼がなければ、という危機感が失われると、仕事を甘く考えるようになる。何が何でも目標を達成しようとする気概がなくなる。

私たち日本人の多くには、まだまだ甘えがある。誰かが何とかしてくれる、してくれて当然、という発想を切り換えられない。ダメなら国や自治体が助けてくれる、親が何とかしてくれる、こんな考え方をしている人が多いのだ。

こうした人たちが、誰かに、何かに依存して生きていけると考えること自体が幻想であることに気づき、現実に引き戻されたときに、果たして、何を思うだろう。おそらく、やるべきときにやらなかった、自分への後悔ではなかろうか。

限界に挑戦することは喜び。なぜなら、まだ「上」があるのだから

自らの意思で**自分の限界に挑戦**する。それは、言うほど、易しいことではない。しかし、見方を変えれば、まだまだやれるということでもある。

やるだけのことはやった、と言える努力をしたか否か、それは、自分自身が一番わかっている。もうこれくらいでいいのではないか、という先にこそ、仕事の付加価値は生まれるのではないだろうか。

優秀なセールスパーソンなら、**事前準備に時間**をかけている。お客様との交渉で、課題が明らかになったら、それを次回までに解決できるように、より良い提案を心がける。一日の営業活動でも、「もう一軒回ってみよう」という意識を持つ。

こうした行動を続けることで、**お客様から信頼が増し**、成約件数も着実に増えていく。信頼してくれたお客様から紹介が入り、新たなお客様との接点が増える。こうしてみんなステップアップしていくのだ。

対照的に、準備をせず、その場を何とか切り抜けることを優先し、今日はこれで……と諦め、喫茶店で時間を潰す。それでは当然、目標の数字はクリアできないから、

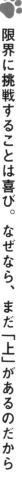

帰社して、どう言い訳しようか考えるようになる。

このパターンに陥ると悲惨だ。多くの人たちが、成果が上がらず、そのプレッシャーに耐えることができなくなって会社を去っていく。そして次の会社に移って同じことを繰り返す……。

これで、本当にいいのだろうか、と思う。

失敗を恐れて、挑戦から逃げて、おもしろいのだろうか。

本気で取り組んだところで、必ずしもうまくいくわけではない。失敗をするときだって多い。己の未熟さに気づき、自信を喪失することもあるだろう。

でも、そうした経験は、現時点での自分の力を知り、目標との差を意識する格好の機会となる。そこで初めて、自分が優先して取り組むべきことが見えてくる。

無意識のうちに**逃げ道をつくって、そこに安住してしまうことが、本当に怖い**。慣れてしまうと、この感覚を気持ち良く感じることさえある。

どこに行こうと、どんな道を選択しようとも、これでは何の進歩もない。自分の限界を超えようと努力できない人が、どこかに移って成果が出せることはない。隣の芝生は青く見えるというが、現実はとても厳しいのだ。

2

「給料以上に稼いでいるか？」と問うてみよ

——ますます賃金格差は広がる

ビジネスはコストで動く

商品やサービスを生み出すためにかかる費用、継続的な経済活動を維持するための費用が「コスト」と呼ばれる。コストにはいくつか種類があるが、真っ先に思い浮かぶのは、人件費だろう。

今は、同期、同年代であっても、年収ベースで数倍の差がつくケースは珍しくない。成果型報酬で、若くして数千万円の年収を稼いでいる人だっている。さらには、独立して何億も稼ぎ出す二十代、三十代だって、相当数いる。

当然の流れである。**年功序列で賃金を決めていたら、それこそ不公平だ。**真面目に頭を使って稼いでいる人たちが、がっかりする。

そこそこやっていれば、ちゃんと給料がもらえるし、周りとも差がつかない。こんな状況では、より一層努力しようとか、工夫しようという気持ちは沸いてこない。

業務遂行能力が高い人と低い人、つまり、**稼ぐ人と稼げない人に大きな賃金格差を**つけていく流れは、今後、ますます加速していく。

コストに見合う働きが問われるのだ。

学歴を重視する時代も終わった。どんなに優秀な大学を出ていようとも、期待される成果が出せなければ報酬面で優遇されることはない。学歴、勤続年数、会社での地位などは、報酬とは無関係になったということだ。

本当の意味で力のある人には、**大きく稼ぐチャンスが到来**している。時代が、さっさと動いて稼いでしまえ、と背中を押している。

コスト意識のない人は仕事も雑だ

コストには、金銭的なコストだけではなく、**時間的なコストもある**。カネも時間も、ビジネスでは貴重な経済資源だ。これらをいかに有効に使えるか、つまり、コスト意識を持つことで、仕事に厳しさが生まれてくる。

反対に、コスト意識がないと仕事の質が落ちる。「**時間＝コスト**」の意識がなければ、計画性のない雑な仕事をするようになってしまう。チェックだって甘くなる。チェックが甘いがためにミスを連発すれば、本来は発生する必要のなかったムダなコストがかかってしまう。時間、金銭の双方にとって、大きな損失だ。

「仕事にミスはつきもの」と広言する人がいるが、笑わせるな、と言いたい。どんな仕事だってミスはつきものだ。それはわかる。

でも、**同じミスを何度も繰り返すのは、注意力が散漫であることへの戒め**だし、ミスにかかるコスト意識が欠如していることへの警告だ。フレキシブルな頭脳で前向きに行動して成果を出さなければ生き残れない時代に、質の低い仕事、ましてや同じミスを何度も繰り返すようでは困る。

コストには必要なものと、不必要なものとがある。必要なコストは、後で、収益となって企業の存続に貢献する。不必要なコストは、会社に損失しかもたらさない。この二つを混同することなく、健全なコスト意識を育ててほしい。

コスト意識を徹底して身につけよ

時間をかけているから仕事の質が良いかと言えば、必ずしもそうではない。時間をかけてもダメなものはダメ。**時間をかけなくても、いいものはいい。**

時間は誰にとっても貴重かつ公平な資源である。もしも、長時間働くことが常態化し、時間の使い方が下手なままなのであれば、仕事の段取りや手順を、真剣に見直していくしかない。「熱心にやっているけど、仕事が遅い」と評される人も、実はコスト意識が欠如しているのだ。

思い切って、どうすれば、今の仕事を半分の時間でやり遂げられるのか考えてみる。**今の成果を半分の時間で出す**にはどうしたらよいかを考えてみる。十分の一ではない。二分の一の効率化を考える。

このように発想を切り換えないと、仕事のやり方に変化は現れない。一つや二つ、改善点が見つかっただけでは、抜本的な解決とはならない。スタートからゴールまで、すべての行程を見直してみる。

こうした見直しを繰り返し、常に効率良く改善していく姿勢で仕事に取り組むことで、コスト意識が芽生えてくる。真っ先に、日常業務での**「ムリ、ムダ、ムラ」を徹底的に取り除いていく**。この繰り返しで、生産性を意識した、より高いレベルでのコスト意識が身についていくようになるのだ。

3 つき合いの悪い人間性は人を惹きつけない

――出会いを重ねることで人の心を洞察する力をつけよ

ビジネスでは、つき合いのいい人が優位に立つ

ビジネスの主体は人である。それが事実である以上、**人を知らない人はビジネスでは成功しない。**そういう人は、人の力を借りることができない。

ビジネスは一人でやるものではない。必ず周囲の協力が必要になる。

さまざまな意見があるだろうが、会食、ランチミーティングなど、社内外で意識的にコミュニケーションを取ることは、昔も今も、もっといえば今後も変わらず大切だと思う。こうした場で、それぞれの仕事観を語り合い、お互いに理解が深まるケースは多い。人を知り、自分の協力者を増やす格好の機会だ。

多くの人と腹を割って交わることで人間性を磨いていける。またチャンスにも恵まれると思う。

無理をして酒を飲んだり、ランチをともにしたりする必要はない。上司や同僚、取引先の不平・不満を話題にするような人とはつき合わないほうがマシだ。一方的にストレスがたまるだけである。

ただ、特別な約束がなければ、どんどんつき合うことを私はお勧めする。そして楽しい場にしてほしいものだ。

「喜んで！」という気持ちが大切

誰かに仕事を頼んだとき、**「喜んでやらせていただきます」**と引き受けてくれたら、どう感じるだろうか。

間違っても気分を害することはないだろう。

私の周りにも、仕事を頼んだときに「喜んで」とひと言付け加える人がいる。つべこべ言わず、何事にも前向きなのだ。こんな人と一緒に仕事をしたら実に楽しい。

対照的に、切羽詰まった仕事があり、協力を頼んだときに、**嫌そうな顔をして即座に断られたとしたら**どうだろう。

たった一度でもそういう態度を示されれば、**「もう二度と仕事は頼むまい」**と憤慨するのではないだろうか。この人とは金輪際、積極的にコミュニケーションを取りたいとも思わないだろう。

頼まれた本人は、そんなことはすぐに忘れてしまう。しかし、断られた方は、ずっと覚えている。だからこそ、頼まれたとき、誘われたときの態度は大切だ。

どのみち、頼まれてやらなければならない仕事なら、「喜んで」というひと言を添えてみる。また、断るときには、相手の気分を害さないように心がける。こんなちょっとした配慮で、人の気持ちを変えることができるのだ。

親切な心は成功を約束する

相手にしてもらいたいことを一方的に要求するのではなく、**相手のために自分ができることを考える**。いかに相手を思いやり、親切にできるか考えてほしい。そういう心のゆとりがビジネスでも好循環を生み出していく。

日本で有数の外食産業の社長にお会いしたときに、ビジネス成功の秘訣を聞いたことがある。そのときにも、親切心を強調されていた。

「お客さんが幸せな気分に浸ってくれないと成功しませんよ。だから毎日、どうすればお客さんが喜んでくださるのかを、知恵を絞り、工夫しています。料理がまずくては困りますが、大切なのは、従業員が親切心を持って接客することに尽きます。先に儲けることを考えていてはダメです。お客さんに喜んでいただければ、利益は後からついてきますよ」

うっかりすると、相手を考えずに**自分の利益だけを優先させてしまいがちだが、それではビジネスではうまくいかない。**

これは、人づき合いのコツにも通じる。人づき合いというのは、お互いに何かしらのメリットがないと長続きしないものだ。つまり、つき合っているとトクする関係である必要があるのだ。

あの人とつき合えば必ずトクがある……。「得」が欲しいのなら、自分が「徳」のある人間であることが大切である。それを実践すれば人は集まってくる。私も、いつの日にか、そうなりたい。

人間関係でもビジネスの場面でも**「得」と「徳」**の両面の要素がないとうまくいかないものである。普通以上の人づき合いができる人は、社内でも、社外でも成功する。そういうものだと思う。

4

自分のために仕事をするとは？

——能力を高め充実感を感じよ

「仕方なく」という発想を捨て去る

あなたがどんな場所にいるにせよ、**今の仕事を選んだのは誰か。**それはあなた自身のはずである。

もうその時点で、仕事は自分のためにしているのだ。

楽しいこと、おもしろいこと、苦しいこと、つらいこと、全部ひっくるめて、**自分が選んだ場所である。**そこで、頑張り、結果を出してみせると、一度は決意したのである。

だからこそ、あなたには**前向きな気持ちを失わず、真剣に仕事と向き合ってほしい。**

それが、自分のために仕事をするということだ。

もちろん、仕事とプライベートのバランスを取ることはとても大切だ。アフターファイブや休日はゆっくり休みたい。遊びたい。自分の趣味に没頭したい。そう考えることはとても自然である。

そのためにも、中身の濃い仕事をして生活にメリハリをつけよう。

仕事も私的な時間も両方充実させる。そう決める。

どちらも大切で、決して手を抜かない。高い水準の仕事を、決められた時間内にきっちりとやり遂げて、自分の時間をつくり出せばいい。

目標は期限内に一〇〇％達成させる。「達成できない」ですませるのではなく、達成する方法を粘り強く考える。

「週休二日制だから、業務の進行度に関係なく休めて当然だ」

もしも、こう考えているとしたら、ちょっと待て、と言いたい。

会社を休む、休まないが問題なのではない。

何で目標を達成できなかったのか、そのこと自体に無自覚で、自分に与えられた権利を主張することに違和感を抱いてしまう。目標を達成できなかったことに対して「仕方なかった」で見過ごされてしまう危うさを感じる。

目標に対して責任をもって仕事をすることこそ、自分のために仕事をするということではないだろうか。

自分のためではなく、お金のために仕方なく仕事をするという考え方はつまらない。それは、**今の仕事を選んだ自分自身に失礼**だと思う。

同じやるなら、自分の能力を高め、充実感を感じる仕事をすることだ。普段から、目的意識をもって、目の前の仕事と向き合ってみる。

そうすることで、時間の使い方がシビアになる。その結果、仕事のスピードも上がり、休日もしっかりと休み、心身をリフレッシュできるようになる。

大切な人生の時間を有意義に使ってほしい。そういう生き方を目指さないと、年を重ねるごとに後悔することになる。

自分のための目標をつくりなさい

自分のために仕事をするのだから、自分で自分のための目標を立てて実行してみる。会社から課せられた目標とは別に、**自分が自分に課す目標をつくって**みるのだ。

会社の目標設定に、さらに数字を上乗せし、クリアすることを目指してもかまわない。要は、自分のモチベーションを上げる目標なら何でもいい。

私の例で恐縮だが、組織の一員として、いかに効率良く仕事をするかを考え抜いた。私はほとんど営業畑を歩いてきたが、同じ目標数字を達成するのに、もっと良い方法はないかといつも考えていた。

換言すれば、**質を向上させながらも、反面ではラクして売る方法**を考えていた。

当然、従来のやり方ではできないから、売るための自分なりのシステムをつくり出した。そうすることで目標を達成することができた。これが私の仕事での目標だった。

どんな仕事でも、明確な目標を持つと、それを乗り越えようとする知恵が沸いてくる。この知恵こそビジネスで力を発揮する武器になる。

知恵のない人間はビジネスの世界では使いものにならない。ビジネスの流れの先を読んで知恵をひねり出せる人こそが、優秀なビジネスパーソンなのだ。

仕事での目標があれば、それだけ真剣さが増す。人生に目標があれば、それだけ有意義な人生が送れるのだ。

日々の時間の使い方が、ガラッと変わるのを実感できるはずである。

5

負荷のかかる仕事は、あなたにとって罪悪か？

——逃げたら仕事は追ってくる

「できません」という言葉はビジネスにはない

自分の普段の言動を、ちょっと振り返ってみてほしい。たとえば、上司やクライアントから指示を受けたとき、どのような対応をしているだろうか。

「それは、ちょっと難しいかもしれません」

「私には荷が重すぎます」

「私よりBさんのほうが適任だと思いますが」

このように対応している場合は要注意だ。自分の能力以上の仕事を要求される、あるいは精神的なプレッシャーを感じることからは、**本能的に逃げたくなる**のが人の常だ。だから、このような言葉がつい出てくる。

ただしビジネスにおいては、逃げの姿勢は通用しない。

私はよく、セールスパーソンに、その日の営業活動報告をさせてみる。

「今日の成果はどうだった？」

「新商品の売れ行きはどうだ？」

こう問いかけてみると、成績が悪いセールスパーソンは、次のように応える。

「いやぁ、厳しいですよ。ガードが堅くてどうしようもありません……」

「売れ行きは芳しくないですね」

いかに、自分が厳しい状況のなかで頑張っているかを主張しようとする。ただ、残念ながら、こうした発言のなかに、「自分がどうしたいのか」という前向きな意思が微塵も感じられないのである。

一方、**成績優秀なセールスパーソン**は、たとえその日の成果がゼロでも次のように答える。

「厳しいのはどこも同じですよ。でも負けません」

「売り方が適切ではないのかもしれません。明日は違うやり方で試してみます」

どうだろうか。

逃げの姿勢と、**前向きの姿勢**の違いがはっきりとわかるだろう。目標を達成し、成績がいいセールスパーソンたちは、**自分がすべきことにフォーカス**する。だから、自分を主体とした発言となる。

ビジネスでは、**逃げたヤツは必ず負ける。**逃げれば仕事が追ってくる……。

人生も同じことだ。いつも逃げの気持ちが先行する生き方には夢がない。

ビジネスでは、「できません」というひと言は御法度だ。

「何でもやってみる」という気持ちが人を育てる

「できません」という気持ちを払拭するためには、**「何でもやってみる。やってみなければ結果はわからない」**という意識を持つことだ。

誰でも「ダメでもともと」という気持ちでやったら大成功した、という経験があるはずだ。そういう経験を、もっと増やしてほしい。それが「自信」の源泉となる。

ダメでもともと精神は、どんな分野でも大きな力を発揮する。私自身も、それで成果を出せたし、強くなれた。そのときの充実感は今も忘れない。

「やれば俺にもできるんだ」という経験を積み重ねることで大きくなれるのだ。

限界を突破できない人には、大きな特徴がある。それは、既成概念で自分を無意識のうちに縛ってしまい、意識レベルが上がらないという点である。極論すれば、そこで人間としての成長もストップしてしまいかねない。

「何でもやってみる」という意識で行動すれば、必ず新しい発見がある。それが仕事も人生も楽しくする。個人的な既成概念、いわゆる固定観念は価値観と言われるものにかなり近い。その価値観が成長の妨げになるようなら、自らの意思で前向きな意識に変えていかなければならない。

ただし、本人の価値観は、長い時間をかけて形成されたものだ。それを心の支えに生きているという面もある。したがって、「ちょっと違うのでは」と思っても、他人から指摘されることはあまりない。だから、自分で気づき、変えていくしかないのである。

「必ずやり遂げます」と、とりあえず言ってみる

自分自身がどう考え、どう動くのか。**主体的な言動をしている人**は、周りから見ていて頼もしい。**言動の軸が自分にある**ので、常に挑戦意欲を失わずに、フレキシブルに行動することができる。こういう人ならば、課題があってもそれを克服し、目標達

成に向けて、ぶれない行動を取れる。

逆に、言動の軸が自分以外にある場合は、はなはだ不安になる。そういう人は成果が安定せず、自分の課題に気づかないケースが多い。

セールスパーソンで言えば、売れる商品が出ているときは、それなりの成果を上げる。しかし、自社商品のシェアが下がってくると、ガクンと成果が落ちてしまう。個人の提案力、販売力で、売上をキープすることができない。

言動の軸を自分に置く。そのためには、「自分が必ずやり遂げます」と、とりあえずでもいいから言い切ってみてほしい。

「自分が必ずやり遂げる」という言葉が、本物の地力を育てる。この単純な事実を忘れてはダメだ。口に出してみることで、どうすれば可能になるのかを脳が考え始める。あとは、その考えに乗って実際に動いてみればいい。

・「できません」という言葉を口にしない
↓
・「何でもやってみる」という意識を持つ

・「必ずやり遂げます」と言い切る
↓
・どうすれば可能かを脳が考えてくれるから、あとは行動するのみ
↓

こういう循環の図式を意識的につくる。これは、決して苦しいことではない。

この図式を経験すれば、仕事は俄然楽しくなる。世の中で成功している人は、こういうパターンを何度も経験してきているのである。

まさに成功の法則そのものなのだ。

もし、あなたが将来、独立しようと考えていたり、もしくは既に独立して行き詰まっているようなら、この思考パターンを忘れないでほしい。独立すれば、さまざまな困難が襲ってくる。それでも、きっと乗り越えていけるだろう。

もちろん、今の会社、転職先、どんな場所であっても、この思考パターンは最強である。

6

「さぼりの心」は自分を惨めにする

――自分の心をごまかさない

「さぼり」が心の余裕を奪い取る

「さぼりの心」があると、それが日常の行動に現れる。自分では気づかないだろうが、端から見ていると手に取るようにわかる。

「人間、ときにはさぼるのもいいんじゃないですか」と言う人もいるが、それは違う。**さぼりの心があれば、心に余裕は生まれない。**自分をコントロールできていないことを自分自身が一番わかっている。

そんな状態だから、充実感の欠片もない。さぼっていて、その時間が楽しいなんてことは絶対にないのだ。

たとえば、今日の仕事が嫌で、体調不良を理由に会社を休むとしよう。朝、上司に電話してひとまずホッとするが、その日に外で遊ぼうとしても、常に何かが心に引っかかっている。こんなことをしていていいのか、このままではダメになるぞ、今、このときにも働いている仲間がいるのに……正常な精神の持ち主なら、余計にストレスを感じるはずだ（こういうときに、こう思えない人は、これ以上、本書を読む必要はない。あなたにとって時間のムダになるだけだ）。

これが「さぼりの心」が生み出す悪弊である。

一方、**力を出し切って目標を達成して休むのなら、思いっきり気持ち良く遊べる。**また頑張ろうというファイトも沸いてくる。これが本当の意味での心の余裕である。

いかなる職種であっても、さぼり病が出そうになったら歯止めをかけなければならない。「慢性のさぼり病」にかかったらなかなか治癒できない。当然、成果は落ちる一方だ。

S君の例を紹介しよう。

彼は、一流と言われる大学を出て大手の不動産会社に入り、営業部に配属された。なかなかの好青年で、それなりの能力も体力もあった。いわゆる将来を嘱望された一人である。成績も中の上ぐらいで、まずまずの評価を受けていた。

ところが自分の思うように成績が出なくなると、喫茶店、映画館などでさぼり始めるようになった。それが常態化するようになり、成績もみるみる落ちてきた。能力的に自分より劣ると感じていた同僚にも追いつかれ、逆に差をつけられるハメになった。そのときには盛り返す気力もなくなってきていた。悪性のさぼり病に冒され、回復不可能になったのだ。そして、彼は解雇された……。

その後の消息は定かではないが、ギャンブルに明け暮れ、荒んだ生活をしていると、風の便りに聞いた。**さぼり病が蔓延すると自信をなくす。自分自身がイヤになる。**自分で自分の心を支えることができなくなるのだ。

自分の可能性にふたをしない

さぼるということは、ある面では**自分の心をごまかしながら生きていくということ**でもある。

「本当は、私はこういう人間じゃない」と思いながらも、ズルズルと怠惰な心地良さに冒されていくのである。

「自分の大切な人生をムダにしていないか？」

こういう視点で自分を見つめていないと、やがては自分の望まない方向に否応なしに引きずり込まれてしまう。その時点で気づいても、もう遅すぎる。

自分の心をごまかしながら生きることほど、寂しいことはない。将来、必ず後悔することになる。

厄介なのは、自分の職種や立場に不満があっても、何とか表面を繕いながら仕事をし、手を抜いたり、さぼったりすることに、罪の意識を感じなくなっていくことだ。元々は仕事に真剣に取り組んでいた人でも、こういうケースに陥ることはある。

とくに、**プライドが高い人は注意**してほしい。現実とプライドとのギャップが深層心理を揺さぶり、不満を増幅させる。そこに、ごまかしが生まれるのだ。不満を自らの力で解消させられればいいのだが……、結局のところ、自分を認めないのは周囲が悪いという結論を自分に言い聞かせ、心の安定を保とうとする。

この病気は、早く治さなければならない。放っておくとどんどん悪くなる。

再度言おう。

さぼりの心は自分本来の可能性の芽を摘み取ることになる――。

7

自主的に努力しない人は論外だ

——指示を待っているようでは困るのだ

視野を広げて仕事を見つめる

与えられた仕事以外に、**自分に何ができるか考えてみる。**たとえば、会社の経営計画、セクションの目標、他部署の課題にも視野を広げて、自分だったらどうするだろうと具体的に考える。

常にこういう意識でいると、**自分が思う以上に、考えること、できることがたくさんあることに気づける**はずだ。

一例を挙げてみよう。自分はどこまで考えているか、チェックしてほしい。

□会社の経営計画はどうなっているのか
□セクションの目標はどうなっているのか

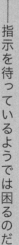

□部署の課題、問題点はどうなっているのか
□他セクションの目標、課題、問題点はどうなっているのか
□自分は、今どういう仕事を期待されているのか
□それに対して、どういう行動をしなければならないのか
□そこには、どういう制約条件があるのか

常に、こうした視点をもって考えている人と、そうでない人は、目の前の仕事の見え方もまったく異なってくる。会社の経営計画まで視野に入っている人は、自分の目標を達成して終わり、ではなく、さらにプラスしてやるべきことが見えてくる。この差は、とてつもなく大きい。

人のいないところで努力する人こそ、本当の戦力になる！

成果を上げている人は、人知れず努力をしている。本人がそれを「努力」と捉えるかどうかは別として、努力なしで成果が上がることなどあり得ない。ビジネスの原点はここにある。

「頑張っています」と豪語するわりに成果が出ない人は、残念だが努力が足りないのである。あるいは努力の方向性が違っていることに気づいていない。

質の高い仕事をする人は、間違いなく、人に見えないところでも努力なり工夫なりをしている。生まれ持った能力があるからではなく、自ら努力しているから成果を出せるのだ。また、そう信じて行動しなければ努力は報われない。

さらに言えば、**成果にフォーカスした努力**をしている。一つひとつの仕事の課題を取り上げて重点的に取り組む。それと同時に、中長期的な成長を目的として、独自の勉強を続けている人も多い。こうすれば間違った努力をすることもない。

「自分には能力がない」と卑下する人がいるが、「いい加減にしろ。単に努力と考えが足りないだけだろ」と、声を大にして叫びたい。

自分の能力を云々する前に、**目標を定めて努力してみることが大切**なのだ。正しく努力すれば能力が磨かれるのは当たり前である。

自ら努力しようという気がなくなると、依頼心ばかりが強くなっていく。責任感も薄れていく。

ビジネスでは、自分に与えられた目標を、何が何でもクリアしなければ、一人前の戦力とは認めてもらえない。「達成できなくても、何とか許してもらえるだろう」という考え方は、絶対に通用しない。成果が出ていないのなら、人に隠れてでも努力するという意識で具体的に実行することだ。

上司の目が行き届かなくなると、すぐに手抜きをする人もたくさんいる。こういう人にだけはなってほしくない。

逆に言えば、**正しい努力は決して裏切らない**、ということだ。

自分に足りないところがあるのであれば、本を読んだり、人にアドバイスをもらいにいったりすればいい。今以上に成果を高めたいなら、上司に相談したり、情報収集につとめればいい。早く経験を積みたいなら、自社の問題点を自分なりに考え、新規プロジェクトとして提案することだってできる。

いくらだって、できることはある。そして、努力すべき点もある。こういう考えをもって仕事に臨む人が、抜群の存在感を発揮しているのだ。

8

行動で周りを説得できる人間であれ

――あなたの行動レベルが説得力を左右する

人生は説得の連続である

会社組織では、上司は部下に指示し、期待通りに動いてもらわなくてはならない。部下は上司に相談し、自分の要求を受け入れてもらわなければならない。ビジネスのあらゆる場面では、取引先（顧客）に商品やサービスの価値を理解していただき、購買につなげていかなければならない。

人に動いてもらうために、すべて「説得する」という行為が伴う。説得の相手や場面は違っても、ある意味では、人生は説得の連続であると言える。

「説得」というのは、簡単に言えば次のステップを経て成立する。

①相手に好印象を与え、評価してもらう

②その上で相手の心を動かす
↓
③そうすることで相手が納得し、行動してくれる
↓

主眼は、**いかに相手の心を動かすか**ということだ。ビジネスの主体は人間である。すべては人間が決める。だから、人間心理に疎いビジネスパーソンは成功しない。

説得は基本的には人間力がものをいう。一朝一夕で培われるものではないが、前向きな行動を続けることで説得力が自然と身についてくる。

人間の心を動かすのは一筋縄ではいかない。相手が納得した上で動いてくれなければ説得したとは言えない。換言すれば、頭で理解してくれても心に響かなければ、人は動いてくれないのだ。

また、**できる人は言葉だけではなく、自分の行動で相手を説得している**。あなたの行動そのものが、相手を説得できるかどうかということなのだ。

たとえばセールスパーソンなら、お客様との約束は守って当たり前。さらに要望が

あれば、自分ができることを丁寧に行なっていく。こうした行動を積み重ねていくことで、お客様の心を惹きつけることができるのだ。

「何を言うか」も大切だが、それ以上に、**「何をするか」が問われる**。説得とは、口八丁で人を動かすことではない。そんな芸当は、所詮、その場しのぎであり、長く続かないことは明らかだ。

説得力は、**何と言ってもトータルでの人間性が左右する**。自分中心ではなく、人に生かされているという意識を持つ。その上で人と交われば、抵抗されることなく相手の心に入っていける。その人の行動そのものに人間性が現れ、そのレベルが説得力を左右するのである。

人間としての総合力も問われる

人間は感情の動物だ。頭だけでわかっても心でわからないと、不安や反発が生まれる。この**「頭」と「心」**という両方の要素を満たしてこそ説得できるのである。

「アイツは業務遂行能力に優れている」という側面と、「人間的にも優れている」という両面が人を動かす上で必要なのだ。

残念ながら「アイツは仕事はできるのだが、人間性に問題がある」というのでは、ビジネスで説得力を発揮することはできない。

それも年代によって多少ニュアンスが違う。

二十代なら、「頭で好かれ、心で好かれる」というレベルでもいいのかもしれない。すなわち仕事もできるし、思いやりもある。しかも明るい性格で、誠実である。

三十代以降なら、もっとシビアになる。仕事に対する意識レベルが高く、確実に期待以上の成果を出す。人間としての総合力（冷徹な部分も含めて）もある。

年代が上がるにつれて、人間性の部分にフォーカスされる。専門知識も業務遂行能力も倍加し、人間的にも一回りも二回りも大きくならなくてはいけない。

自らの行動で信頼を担保し、説得し、人を動かす。

これが、ビジネスパーソンに与えられた命題である。

9 さあ、今日から行動を変えよう

――行動を変えれば見えなかったものが見えてくる

同じ行動パターンを繰り返していないか？

自分の一日を振り返ってみる。その際に、いつも同じパターンを繰り返していないか、チェックしてみるといい。

変化がまったく見られない人は、せめて、**行動パターンに変化を**加えよう。朝、同じ時間に起きて、同じ電車に乗って、同じ人と昼食をとるというような行動を改める。たとえば通勤ルートを変えてみるだけでも、いつもと違った何かが見えてくる。

この「何か」を数多く見つけ出すために行動パターンを変えていくのだ。そうすることで、心も体もリフレッシュすることができる。今まで気づかなかったことに気づいて唖然とすることもある。

私の経験ではやる気が起きないとか、イライラするときは、たいていは頭も行動もマンネリの域に入ってきたときだ。そういうときには、ひたすら歩くことにしている。頭をからっぽにして何も考えないで大汗をかきながら歩く。

昔は、事務所のある池袋から自宅のあるさいたま市まで歩いて帰ることがあった。おおよそ十六キロの距離だ。四時間近くかかる。自転車を使うこともある。これなら二時間とかからない。友人や知人に話すと変人扱いされるが、こんな行動だけでも結構リフレッシュできる。

日頃やらないことを意識的にしてみることで、次第に視野も広がっていく。今までの閉塞感から脱却できる。やってみれば、それを実感できる。

つき合う人を変えてみるとおもしろい

もう一点、チェックしてみよう。

あなたは、**いつも同じ人とばかりつき合っていないだろうか？**

「誰とつき合おうと俺の勝手だ」と言われそうだが、朱に交われば赤くなると言われるように、つき合う人によって、大きな影響を受けるのが人間の特性である。同じつき合うなら、マイナス面よりはプラス面が多い人とつき合うことだ。

ビジネスパーソンとして**一番ダメなのは、お互いの傷をなめ合うようなつき合い方**だ。一時の安心感は得られるかもしれないが、これではあなた自身がダメになってしまう。典型的なのは、自分のことは棚に上げて、他人の悪口や会社の批判をすることだ。適度なストレス発散は必要だと思うが、そんなに陰で言うことがあるなら、もっと仕事の場で提案してみたら、と思ってしまう。

外に飛び出して、新しい人と積極的に交流する。気が合う人がいれば、深いつき合いに発展させていく。同じ会社であっても、普段、話せないような人と、つき合う時間をつくってみてもいい。

つき合う人の幅を広げていくことで、**自分自身の視点も広がっていく**。そこから、仕事のヒント、改善点も生まれてくる。

昨今は新型コロナウイルスの影響で、新しい人と出会う機会がめっきり減っている人も少なくないだろう。もしかしたらリモートワークで同じ会社の人と会うことさえ少なくなっているかもしれない。

そんなときでも、家のまわりを散歩すれば、同じように散歩をしている人に出会うことができるはずだ。今まで挨拶もしなかったのなら、挨拶をしてみる。挨拶程度だった人に話しかけてみる。

これまでフルタイムで勤めに出ていたのなら、平日の昼間、家のまわりがどんな雰囲気なのか知らない人も多いはずだ。そういった観点から、今の状況を楽しみ、新たなアイデアの源とすることも可能なのではないだろうか。

経験則を捨ててみる

自分が向上していきたいのなら、**今までの経験則を一度捨ててみよう**。たとえ成功したことでも固執しないで白紙に戻してみる。また失敗したことにとらわれないで白紙に戻して考えてみよう。

経験則に囚われる例は、本当に数多く転がっている。新しいプロジェクトを立ち上げてメンバーを募ったとしよう。ところが、その中の一人が「これは前例がないから困難だと思います」と言い出す……。

本来なら、新しい企画だからこそ立ち上げる意味がある。前例がないからこそヒットの予感があるのだ。なぜ前例にこだわるのか。前例があればやれるのか。前例が失敗していればやらない方が良いというのか。

経験則に縛られると、そこで成長がストップしてしまう。会社経営も経験則に頼りすぎると次の事業展開ができなくなる。会社の構成員は紛れもなく「人」である。その「人」が経験則を最優先するようでは、会社も人も衰退していく。

経験則は、失敗を繰り返さないためには良い教訓になるが、新しいものを生み出していく力はない。いわば守りに入るわけだ。それが保守的な社員を生み出すことになる。保身も始まる。当然、新しいものにチャレンジすることなどなくなる。

オンリーワンの強みをつくる努力を

これからのビジネスパーソンは、自分だけの強みを持っていなければ組織の中で生き抜くのは難しくなっていくだろう。他人に負けない武器を持つ必要がある。換言すれば、**オンリーワンの強み**を意識的につくり出すことが求められる。

企業単位で見ても、何らかの強みを持たない企業は苦戦している。こんな不景気な経済情勢ではなおさらだ。しかし、小さいながらもオンリーワンの強みを持っている会社は、不景気風を吹き飛ばす業績を上げている。大きいけれど腐った大木より、小さくてもキリリと光る小木のほうが価値があるのだ。

企業でも個人でも同じである。一つでも強みを持っていれば、それが大きな武器になる。これからは、まさにそういう時代になる。

そう若くはない人はとくに、これだという武器が一つはほしい。その上で組織に前向きなモチベーションを与えられるリーダー的要素が求められる。

最近はゼネラリストよりスペシャリストが重宝されるが、組織の中で評価を高めたいのなら、その両方の要素が必要になってくる。専門バカではダメだし、かといって、すべての分野がそこそこというのも付加価値がない。

社員そのものにも**「量」と同時に「質」**を求めざるを得なくなってきた。いつまでものんびりと構えているわけにはいかない。早急にでも、あなたの存在を会社に認めさせなければならない。

オンリーワンの強みを育む際に「そんなものはない」という人は、次の視点を持って努力することだ。

□自分にしかできないことは何か
□今、自分がやりたいことは何か
□とことんやりたいことは何か

一つぐらいは浮かぶはずだ。自分のなかで、これが一番というものを磨き上げていけばいい。それを強力な武器に仕立て上げよう。

今の時代は、**チャンスに溢れている。本当におもしろい時代**だ。社歴や地位は関係ない。行動した人が結果を出せる。自分を変えて、どんどん進化させていこうではないか。

なお、一つの武器がいつまでも通用するとは思わないこと。テクノロジーは加速度を増して進化している。あなたの武器のバージョンアップも見据えておくことを忘れぬように。

10

自分の軸をしっかりと持て

——自分が何をしたいか、本音でぶつかる

ときには、出る杭であれ

会社員であれ個人であれ、仕事をする上で協調性は必要になる。ただし、それが行き過ぎるのもどうかと思う。

チームワークが一番大切だ、空気を読め、と言われると、それ自体が目的ではないだろうと言いたくなる。あくまで**目的は、付加価値の高い仕事をすること**。そのために協調したほうがいいから、チームワークが必要なのである。

でもそれが、同調圧力を強めたり、摩擦を避け、保守的になったり、こじんまりしてしまっては息が詰まるではないか。

それではいい仕事はできない。

いつだって、**出ようとする杭があれば、見届けてみたくなる**ものだ。自分がそうでないなら、なおさら他人事として興味本位で見てみたいのが人というものだろう。

出る杭に自らがなれる人は多くはない。でも、だからこそ価値がある。ぜひ、叩かれても落ち込むことなく、認めさせてやると堂々としている、それくらいの強さがある杭になってほしい。ミスをして叱られても、今度は絶対にミスをしないと奮い立ち、大きな仕事を任せられた時には積極的に取り組む。

自分を信じ、人生に生じるさまざまな出来事をポジティブに捉えられる。

そういう人間こそが自己肯定感が強いというのだろう。

どんな状況になっても潰れず生き残っていくためには、**強い自分**であるしかない。

いちいち凹んでいたら仕事も手につかなくなる。

自分を育てるのは自分だ。批判されようが、躓こうが、自分ならできる、絶対にできると、強くいてほしい。

他人の軸からシフトしよう

他人や世間の目を気にし、世の中の常識にとらわれ、常に周りの人に気を使っている人が多い。意外とそういう自分に気がついていないものだ。

人からの評価や世間の価値観を基準にしてしまっているので、人からの評価ばかりが気になり、認められていないのではないかと不安でしかたなくなってしまう。自分の気持ちはあえて言わず、誰かの意思決定に任せて、周囲に合わせていれば自分は大丈夫と思い込んでいるので、ある意味ラクな生き方かもしれない。

ただ、ビジネスでは、こういう生き方は許されない。**自分の判断で仕事をし、成功するか失敗するかは自分の責任で引き受ける。**どんな結果も自分で受け入れなければならない。

会社ではそれぞれが自分軸でいなければならない。

常に「自分で決める」のは当然で、他人の意見は他人の意見であり、無理に合わせる必要はない。他人の意見に左右されず、自分の価値観で物事を決め、失敗してもやるだけのことはやったなら後悔することも少ない。

他人の意見に惑わされない

意見の違いはあって当然である。それを認めることが大切だ。意見が食い違っていることに憤慨したり、喧嘩が生じたりすることもあるがそれは大人気ない。

ときどき強い意見に影響される人もいるし、多数意見にフラフラと乗っかってしまう人もいる。自信がないから、とりあえず同調してしまえということだ。

自分の意見を持つというのはそういうことではない。

また、社会的地位、社会的認知度によって影響力の高い人がいる。あの人の言うことは正しいとか、その通りだと思う、と短絡的に考えてしまうのは危険である。

それは社内での人間関係も然りだ。感情的になって大事なことを歪んで解釈したり、攻撃的になってしまっては、軸はブレブレだ。

たとえ少数派であろうと、自分の意見は持つ。ただし、お客様のためになるようより良い意見であれば、耳を傾けたほうがいい。この人は本当によく考えているな、そういうやり方があったのかと思ったら、素直に取り入れてみることも大切だ。途中で主張を変えるのは意思が弱いからだと思い込んで、最後まで主張を貫こうとする人がいるが、頑なになってはいけない。

意見を戦わせる本来の目的は、付加価値の高い仕事をするためだ。この目的から目をそらさず、最善と思える答えを出していく。それが本当の自分の意見なのだ。

11

弱さを認め、克服し、人生を変えていく
——他人に振り回される必要はない

ときには、じっくり自分と向き合う

仕事にずっと取り組んでいると、思考の幅が狭まってくることがある。没頭すれば するほど視野が狭くなってしまう。

そんな自分に危機感を抱いたときは、**自分と向き合い、対話する**ことも大切だ。

普段、押し殺している感情とも向き合ってみる。

本当は、あの人に負けたのが悔しかった。

大事なところで逃げ腰になった自分が恥ずかしい。

こんなところで終わりたくはない……。

こういう負の気持ちを受け入れてみる。

過去の失敗を引きずっていたとか、不安や不満を抱えていたと改めて認識すること

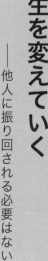

があったりする。たった一つの出来事でも、頭に残っているなら、その時の感情を整理してみるとよい。何が原因でそう感じたのか、自分に問い、自分で答える。何が気になるのか、何が嫌いなのか、本当は何がしたいのか、自分が勝手につくった思い込みに縛られていないか……と問うてみる。

明快な答えは出なくてもいい。その対話から、実利的な結果を求める必要もない。**自分の時間を持つことで、素直になれるし、弱さに気づく。**そして、他人の目を気にしなくていい、他人に振り回される必要はない、そう思うことだ。

他人との間に距離を取る。**いい人と思われようとしなくていい。**仮面を外して本当の自分に向き合う。弱さを認めて、それから前に進もう。自分の実力を認めて、それを克服しようと決めよう。悩むのではなく向き合う、こう捉えるのだ。

ぶれていないか、軸足を検証する

ときには、これまでの自分を総括し、**自分の軸足がぶれていないか検証してみるこ**

とを勧める。

・今の仕事にどんな目標を設定したか
・目標達成のために何をしているか
・さらにどのような行動をする必要があるか
・どんな能力を使ってきたか
・今までの経験で得たものは何か
・どんな信念でいるか
・変化はあったか
・達成感はあるか
・周りからどう思われているか

行動し、挑戦する過程で、ふっと進んでいる方向がわからなくなる。ときには高い壁にだって阻まれる。頑張っても、頑張っても、成果が出ないときがある。

そういうときに、自分の軸を確認する。それは、自分が進む方向を修正することにつながる。自分の強み、オンリーワンを確認し、前向きなエネルギーに変えていくのである。課題とは、そういうものだ。

何事にも動じない、強い自分をつくる

負けない自分になりたい。どんなときでも動じない自分になりたい。ビジネスパーソンならば、こう思っていてほしい。それぐらい人の心は揺れ動くし、流されやすい。

動じない自分になるために必要なもの、それは**成功体験にもとづく自信**だ。

そうは言っても、誇れるような成功体験は何もない、という人もいるかもしれないが、どんな人でも、成功体験は持っているはずである。

どうしても思いつかないのであれば「褒められたこと、小さな成功」でかまわない。挨拶がいいとか、資料をつくって褒められたなど、こうした体験も自信の源泉となる。

そして何よりも、たくさんの経験を積むことだ。失敗も大事な経験。こうした経験や知識が蓄積されて、何事にも動じない、強い自分ができてくる。

堂々と、自信に満ちあふれて仕事をしている人がいたら、よく観察し、真似てみて

もいいだろう。上司でも、同僚でも、社外の人でもいい。観察しているとさまざまな発見があり、気がつく点があるはずだ。

仕事の段取り、話し方、振る舞い、人との接し方、個性など、観察しながら取り入れてみるとよい。

第2章

挑戦しよう！　失敗は怖くない

1

夢がないから挑戦意欲が沸かないのだ

——「夢」とは努力して叶えるものだ

あなたにはどんな夢がある？

夢とロマンを持って夢中になれる仕事ができるのは、この上ない幸せだ。

それを支えるのは信念だ。どんなに厳しい状況であろうと、どんなにどん底に突き落とされようと、**信念があれば必ず道は開ける**。そう信じなければ夢は実現しない。

成功した人たちはみな、「**夢は実現する**」と言う。

成功しない人は、「**夢と現実は違う**」と言う。

どちらの意見にも一理ある。しかし根本的な違いがある。**成功した人は成功するまで挑戦している**。成功しない人は挑戦をしなかったか、あるいは途中で諦めて逃げ出したという点である。

仕事でも人生も同じだが、夢があっても、ただぼんやりと考えているだけでは夢を想うだけで終わってしまう。

夢を現実のものにするには、**具体的なシナリオを書く**ことと、それを、どんな困難**があろうともやり遂げる強い意志**が不可欠なのだ。

逆に言えば、何の努力もしないで夢が叶うことなどあり得ない。

「多くの人に評価されるような大仕事をしよう」というような夢でもいい。「人から感謝される仕事を続けたい」「好きなことで食べていきたい」「人気ユーチューバとして生活したい」ということだっていい。自分自身の生活レベルを向上するようなものでもいい。成果を出して年収を三倍にしたい、というような夢でもいいのだ。

夢が仕事をやる上での心の支えになれば、自然と挑戦意欲が沸いてくる。気持ちがウズウズしてきて身体が震えてくる。こういう経験をすることで、あなたの仕事に対する意識レベルはグングン上がっていく。

夢を現実の仕事にあてはめてみれば、今の目標をどう達成するかということでもある。いわゆる**身近な目標を一つひとつクリアしていく**ことで、夢を実現する精神力と具体的なノウハウが身についてくる。

そのためには挑戦意欲を意識的に前面に出すことである。

2

中途半端はすべてをダメにする

――努力は決して裏切ることはない

途中で投げ出すのは、始めからやらないのと同じこと

目標達成への執念、最後までやり遂げる信念が、あと一歩の行動をわける。

たとえばセールスパーソンの目標数値に対する達成度を見てみると、いつも設定数値の九割はやるのだが、一度もクリアしたことがないという人がいる。現実問題として、**あと一割ができないはずがない**。しかし、その壁をいつまでたっても乗り越えることができない。

たとえば売上目標が三〇〇〇万円だとして、二九九〇万円売り上げたとしよう。

①目標にあと十万円だから、達成したと考えてよい

②あくまでも十万円足りないのだから、評価は半減する

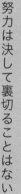

あなたは、どちらの考え方をするだろうか？

ビジネスの世界では、②の考え方が正解である。

「それは、ちょっと厳しすぎるのでは」と思いたくなる気持ちもわからなくもないが、それは間違いである。わずか十万円の差で評価はまったく異なってくる。

「あと十万円がなぜやれないの。あと一歩で達成できるんじゃないの」という見方をされるのだ。

たった十万円で「あの人は目標達成ができない」という評価を下されてしまうのである。

というのは、金額の多寡そのものよりも、あと十万円の達成意欲のなさが問題なのである。ほんの**小さな差でも、五年、十年と年月を積み重ねるにつれ、大きな差に**なっていく。常に成果を出すビジネスパーソンになれるか否かは、こんな、ほんのちょっとした努力や工夫を惜しむかどうかで決まるのだ。

最後のひと踏ん張りで結果は一八〇度異なる

一円足りなくても未達成は未達成……。

ビジネスパーソンは、この考え方を徹底して頭に叩き込み、行動パターンを見直す必要がある。そうすることで自分の足りない点に気づく。

中途半端に終わらせない工夫をすることが大切なのだ。

目標を完全にクリアできなければ成果はゼロだ。

「あと一歩」の努力と工夫を惜しまない。この「一歩」の大切さを理解する。

これまでにも、「あと一歩の頑張りがあれば目標を達成できたのに……」という経験をした人はたくさんいるだろう。逆に「あの最後の一踏ん張りが成功の要因だった」という人もたくさんいるはずだ。

山登りの好きな人ならおわかりだろうが、九合目からのあと一息のところが非常に苦しい。苦しさから言うとまだ五合目あたりだ。しかし、そこで引き返すことはしない。

「何が何でも山の頂に立ちたい」という気持ちが、あと少しの苦しい壁を乗り越えさせてくれる。

あと一歩の努力で、結果が一八〇度違ってくることはビジネスでは日常茶飯事である。いくら頑張っていい線まできても、最後の詰めが甘かったり、ちょっとした努力を惜しんだりしたがために、結局すべてがパーになってしまうようでは、せっかくの努力も水泡に帰すではないか。

こんなに**もったいないことはない。**

どんな仕事であろうと、どういう状況であろうと、最後までベストを尽くせば、あと一歩の努力を惜しむことはない。

私は**「努力」という言葉を嫌う人と一緒に仕事をしたくない。**というより楽しかった思い出がない。

とくに会社組織では一人でできる仕事は少ない。だから、一人でも努力を怠るとみんなに迷惑がかかる。こんなことが理解できない人と、誰だって一緒に仕事をしたいとは思わないだろう。

同じ努力をするなら、最後までやり遂げられるように、あと一歩の努力をしてみよう。

努力は決して裏切らない。この事実に、あなたも気づくはずだ。

3 常に「どうすればいいのか」を考えながら仕事をする

――今のやり方がベストだと自信を持てるか？

残業する人は仕事ができない？

人生は仕事だけではない。私的にやりたいことをやるための時間も必要だ。家族がいる人ならば、男女にかかわらず家事や子育ても大事な時間だ。遅くまで残業したり、家に持ち帰って仕事を片づける……などということは、極力避けなければならない。

そうでないと生活にメリハリがつかない。精神的にもリラックスできない。

仕事に対する集中力だって、持続できないはずだ。

やるべき仕事量に差があるので、一概には言えないかもしれないが、できるだけ残業はせず、勤務時間内にやり遂げられるように仕事の優先順位を考え、時間の管理をしていく必要がある。

現実に同じレベルで同じ仕事量を、時間内に平然とこなす人もいれば、二倍の時間を費やしてもできない人もいる。

この差は、どこからくるのだろう？

それは、この仕事を、どういう方法で、どう時間を配分して仕上げるかという具体的なイメージづくりができているかどうかだ。優先順位も考えないでチンタラやると、結果として、時間が足りなくなる。

常に「どうすればいいか」ということを考えながら仕事をしないと、問題点も見つからない。だから工夫のしようもないのだ。明らかに非効率な手順に何の疑問も抱かないのであれば、ビジネスそのものに対する意識が低いと言わざるを得ない。

できる人は、**出勤前には今日のスケジュールは完璧に頭に入っている。**だから出社するとすぐに仕事に取りかかる。

間違っても、昨日のドラマや野球、芸能人のスキャンダルの話から入ることはない。そういう話なら、昼休みの間にやればいい。

「せっかく適度な緊張感が漂っているのに、朝から、その雰囲気を壊すことはやめてほしい」

できるビジネスパーソンは、みな、そう思っているはずだ。

集中力がないからロスが出る

何度も言うが、ビジネスはコストで動く。このことが理解できていないと平気でムダな時間をつくり出す。

これは組織に対する背信行為と言ってもいい。

できるビジネスパーソンは、集中力を高める手法を自分の体験から身につけている。たとえばセールスパーソンなら汗ばんでいるうちにどんどん取引先（顧客）を回る。その前向きな姿勢が不思議なほど勇気を沸き立たせてくれることを知っていて実践している。

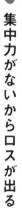

訪問恐怖症も克服できる。嘘だと思うならやってみるといい。その感覚を肌で感じることができるから。

ところがダメなセールスパーソンは何度も休憩を入れる。そこで集中力を途切れさせると、汗も引いてしまって、せっかくエンジンがかかってきたのに最初からやり直しということになる。これでは極めて非効率である。

集中力というのは頭で考えていても培われるものではない。自分で経験しながら、その感覚を体得していくものだ。「鉄は熱いうちに打て」と言われるが、仕事も心が熱く燃えているとき、すなわち汗ばんできてエンジンがかかってきたときに一挙に片づけることだ。そうすることで自分の時間もつくれる。

デスクワークでキーボードを叩いていても、集中しているときには手のひらが汗ばんでいるはずである。頭の回転も良くなっている。

飛行機のパイロットに聞いたことだが、離着時はものすごく神経を使うそうだ。とくに着陸時には全神経を集中させる。そして機体を停止したときには手のひらが驚くほど汗ばんでいるそうだ。これは集中力というよりは緊張感から来るものかもしれないが、集中しているということは精神的にも適度に緊張しているものだ。

どんな仕事でも、**適度な緊張感と集中力がなければ中身の濃い仕事はできない。**

多くのビジネスパーソンを見てきた経験から言うと、できる人というのは、常に前向きに**「どういう手法で仕事をしたらいいのか」**を考えることで仕事に対する意識レベルを高め、必然的に集中力を高めているように思う。そこに先見性が生まれ、将来へのシナリオを書くことができるのである。換言すれば、頭の中で整理された段取り・手順を、現実的な形に確実に移行できる人と言えるのだ。

4 すぐやるクセをつける

——間髪入れずにやる人は絶対に伸びる！

今すぐやるべきことは、すぐやる！

世の中で成功している人は、とてもせっかちな人が多い。

ビジネスでは「**早い決断**」が必要な場面が非常に多い。決断までに時間がかかることで、優先的に取り組むべき仕事が後回しにされたり、多くの仕事が手元で止まってしまう。のんびりしているわけにはいかないのである。

あなたの周りでも、仕事のできる人で「せっかちだなぁ」という印象を与える人がいるだろう。瞬時に動き、成果が出るということは、成果が出るシナリオができていて、すぐに行動に移せるという**二つの要素がうまくかみ合っているの**である。

仕事で成果を出すためには、それを達成する**シナリオとタイミング**が必要なのだ。シナリオだけ、タイミングだけではダメなのである。両方の要素が相乗効果を生み出す。この事実を知っているからこそ、すぐに行動に移すのである。

すぐやるべきことは、間髪入れずにすぐにやることだ。

たとえばメールのチェック。社内からもあれば社外からもあるが、意識的にクイックレスポンスを心がける。人によっては膨大な量のメールが舞い込み、その対応に追われてしまうかもしれないが、なるべく早くが原則となる。

また、簡単な雑用もすぐ処理することだ。すぐやればわずかな時間でできることをためてしまうと、それを処理するための時間をスケジュールに組み込まなくてはならない。これでは能率は上がらない。

先に延ばせば、それだけ成果は落ちる！

挑戦意欲というのは、すぐにやるから生まれるものだ。イスに座って考えていても出てくるものではない。**考えていても何も始まらない**。考えるのなら走りながら考えるくらいでちょうどよい。

上司から指示された仕事に対して、「あの仕事はどうなっている？」なんて催促されるようでは論外なのだ。上司からの指示というのは、特別な期日の指定がない限り、

「すぐにやれ」ということである。にもかかわらず、やっていないというのは、まさしく怠慢なのだ。


「例の仕事は進んでいるのか」

「あの件は一週間くらい時間がかかりそうなので、今の仕事が一区切りついてからやろうと思っています」

「急ぎだから優先してやってくれ」

「そう言われましても……」


で、実際はどうか。

「すぐやってほしい」と少々強引だがやらせてみると、意外にも一日で終わったというようなケースはザラにある。**すぐにやらないで先に先に延ばそうとするから一週間かかってしまう。**それが当然というような自己暗示にかかっているのだ。

やってみれば、それが当たり前のようにできるようになる。こういう経験をしていくことでスキルアップすることができるのだが、頑なにやろうとしない人もいる。

「やろう！」と決断できない人は、「いつまでたってもできない人」――。

まずは、**意を強くして「やろう！」と自分の尻を叩けば道は開ける。**

私は、成績の上がらないセールスパーソンには、「訪問した取引先には御礼のハガキを書きなさい。一回の訪問以上の価値があるよ」と教える。とくに地方出張などでは効果抜群だ。下手な字でもいいから自筆で感謝の意を伝えればいい。

ハガキ一枚くらいわずかな時間で書ける。それが絶大な効果があるのはわかっていても、実行する人は一握りだ。それが、営業成績に雲泥の差をもたらす。

そういう私も、セールスパーソン時代、半信半疑ながら実践してみたのだが、再訪問のときには、初回訪問とは違った手応えを感じたものだ。まさに一回の訪問に勝る効果がある。

やろうと思えば簡単にできることなのに、それさえやらないというのは、本当にもったいない。わかっていてもやらないのは、結局わかっていないのと同じことである。**「そのうちにやろう」というのは、やらないのと同じ結果になる。**

成果が期待できるのだから、すぐにやることだ。時間をおいてしまうと、その気があっても次第に気持ちが萎えていく。それが人間の特性である。

5

整理すればやる気が出てくる

——乱雑な状態はミスの温床

まずは机の上を整理しなさい

机の上の整理ができない人は、間違いなく仕事が雑でミスも多い。この悪い習慣が改善できないとリーダーにはなり得ない。なぜなら、何事においてもルーズだからだ。仕事ができる人の中にもこういう人がいる。それが服装にも現れる。中には髭も剃ってこない人もいる。**ビジネスパーソンとしての基本的な形ができていない**のだ。

私の周りにもそういう人がいる。確かに仕事はできるのだが、注文書が机の上に散らばっていたり、受領書が見つからないということもある。とにかく机の上はメチャクチャ。そういうわけで、自分の机が使えないので他人の机を拝借する。そしてまた汚す……。

上司に注意されると、「違うんです。これはカオス整理論でして……」なんて、うまいこと言って話をはぐらかす。出張経費の精算も一ヶ月以上やらないで、経理部門から「いい加減にして！」と強く催促されている。憎めないヤツだが、こういう男は、生まれ変わってもまた同じことを繰り返すだろう。まさに付ける薬がない。

仕事ができれば、若いうちは「しょうがないヤツだ」で済まされる面もあるが、リーダーとしての立場になると、それでは困る。整理もできない人に、責任あるセクションは任せられない。なぜなら、必ず大きなポカをやらかすからだ。したがって、心当たりのある人は、すぐに改める必要がある。整理をすることでの効用は結構ある。

①整理することで気持ちがリフレッシュする
↓
②整理することでムダな仕事や問題点が見つかる
↓
③整理することで仕事がイメージしやすくなる
↓
④整理することでやる気が出てくる

私はこのように考える。机の上の整理だけでなく、自分がやっている仕事を整理してみれば、手法が間違っていたり、手順に問題があることがわかる。

今すぐに着手するもの以外は机の上に置かないことだ。そのためには、ファイルで仕事の種類ごとに整理しておくことである。

カバンの中身で真剣度がわかる

机の次は、カバンである。カバンの中を見れば、その人がどれだけ、事前に準備をしたのかがわかる。

会社を出るときに必要な資料がきちんと整理されていないようでは、準備をないがしろにしていると言わざるを得ない。

優秀なビジネスパーソンは、出先で資料をさっと取り出す。間違っても「あれ、どこに行ったっけ……」なんて醜態はさらさない。

準備も整理もできていない。そんな状態では、クライアントは「あんた、やる気があるの？」と思ってしまう。そんな人と一緒にビジネスをしたいとは思わないだろう。

現実に、こういう人はたくさんいる。まさに、その意識からして使いものにならない。

カバンの中身を見るだけで、当人の仕事に対する真剣度がわかるのだ。やる気があるのかどうかも瞬時に判断できる。

私自身、自信がなくなりそうになったり、やる気が出ないときは、カバンの中身をチェックした。販売資料が物足りなければ自分で作成した。そうしているうちに、不思議なもので良いアイデアが出たり、再びやる気が出てきたものだ。

訪問先に出かける前にカバンの中身を整理して充実させると、前向きな気持ちが出てきて成果も出やすくなるのだ。カバンの中身を整理することで、自分の気持ちも整理できるのだ。

どんな**仕事に臨むにも、常に整理をするという習慣**を身につけないと、知らぬ間にミスが起きたり、やる気を阻害する要因になる。

整理することで、良いイメージをつくり出せる。すなわち、成果の出るシナリオをつくることができるのだ。整理を侮るなかれ。

6

どんどん人に会いなさい

――Eメールで済まされるビジネスはない

人に会えば会うほど学べる

ビジネスパーソンは人に会うことを嫌がったら終わりだ。意識的に多くの人に会うことを心がけてほしい。

前向きな人ほど、フットワークを軽くして人と交わるように努めている。なぜなら、その効果をよく知っているからだ。

ただし、新型コロナウイルスの影響で、人と会い、対面で話すことには、慎重にならざるを得ない。コロナウイルスに対するクライアントの方針、対面を希望する相手の要望、こうした点を考慮し、さらにソーシャルディスタンスを保ちながら、人と会うのが新しいマナーとなりそうだ。

「会う人が見つからない?」

それなら、いろいろな交流会がある。ネットをみても無数にある。オンラインミーティングも多数実施されている。

あまり深く考えずに参加するといい。いろいろな人との交流を楽しめばいい。ただそれだけのことだ。

はじめはビジネスに結びつけようなんて考えないことだ。他人と言葉を交わすことで得ることは多い。その喜びを感じれば、どんどん人と会いたくなる。何となく自分に行動力が出てきたように感じたり、自信が出てきたりするものである。あなたが考えている以上に、多くのことを学べるはずだ。

ときには相手に圧倒されて、自信を喪失したりすることがあるかもしれない。それでも勉強になる。自分の周りに起こることは、良いことでも悪いことでも、自分の肥やしになる。

書物やメディアとは違って、面対面で向かい合うことで人を見る目も養える。「人間って、おもしろいな」「いろんな人がいるな」と感じられるようになればしめたものだ。引っ込み思案な人は、とくに意識的に人に会うことを実践すべきだ。

ネット時代だからこそ人に会え！

最近は、実際に会って話をすべきところをメールですましてしまうことが多くなっている。これは時代の流れとも言える。

ただ、なかには「メールなら何でも言えるけど、相手の前に出ると急に話せなくなる」とこぼす人もいる。メールでしか自分の意思を伝えられなくなっているのだ。

社員二十人ほどの小さな会社で、「指示はメールで出してほしい。報告もメールで」という意見があったそうだ。「ワンフロアーの小さな会社で、何でそんなことをする必要があるのか」と、そこの社長は嘆いていたが、私も同感である。話せば聞こえる距離に人がいるのに、わざわざメールを使うとはおかしな話だ。

その背景には、本当の人間関係の醍醐味を知らないという点が挙げられるだろう。自分をさらけ出す必要はないし、嫌な報告をする心理的な負担が減るのを望んでいるのかもしれない。

何度も言うが、**ビジネスの主体は人**だ。膝をつき合わせることが大切なのだ。便利なツールは使っても、それだけではダメなのだ。

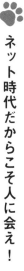

他人は絶好の教科書である

人に会えば会うほど学べるものだ。そして、自分に足りないものを教えてくれるのも他人だ。自分にないところは吸収すればいいし、嫌な面は反面教師として学べばいい。だからこそ、人に会う価値がある。

人と人とのぶつかり合いを数多く経験してほしい。いかに優秀な商品でも、売るのも買うのも人である。それを忘れてもらっては困る。

人間は学んでも学びすぎることはない。お恥ずかしい話だが、一生、死ぬまで、人に教えてもらうことばかりだ。自分の足りない点に気づいて赤面することも多い。だから自戒を込めて、極力多くの人に会うようにしている。それが、結果としてビジネスに結びつくことも多い。

机に向かって座っていることが多くなると、人に会うのも億劫になる。自分で行動力がなくなってきたと感じるはずだ。これでは付加価値のある仕事はできない。

仕事がうまくいかなくて悩んでいるのなら、街に出てみることだ。人に会ってみることだ。必ず打開するヒントが見つかる。

7

上手に他人の力を借りる

――ビジネスでは「信用」が命

人間一人の力などたかが知れている

ビジネスは絶対に一人ではできない。一人で成立する商売などない。相手があってはじめて成り立つのがビジネスだ。あなたが、いくら良い仕事をしたとしても、それを買ってくれる（お金に代えてくれる）相手が存在しなければ、商行為は成立しない。当たり前のことなのだが、うっかりすると、忘れてしまう。

仕事をともにしている相手を想像し、納期に正確で、約束を守ることを心がける。そういう仕事ができてはじめて、人の力を借りることができるのだ。

ビジネスでは、**行動が正確でないと信用されない**。たとえばアポイントの時間に遅れるのは小さなことかもしれないが、小さな約束を実行できないようでは絶対に信用されない。それを指摘してもらえればいいのだが、そういうケースは意外と少ない。

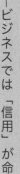

多くは口には出さないけれど、「あの人は信用できない」と疑念を持つことになる。こんな小さなことで取引停止になることもある。

その理由に気づかず「なんで機嫌を損ねたのかな」なんて考えている鈍感な人もいる。相手のことを考えていないから、遅れても罪悪感が沸いてこない。

仕事の仕上がりは抜群なのだが、納期が一ヶ月や二ヶ月ずれるのはザラという人がいる。相手が困るということが理解できていないのだ。

ビジネスの基本が確実に実践されないようでは話にならない。「ごめんなさい」では済まないのがビジネスの鉄則である。

納期・コスト・品質の三つの条件がクリアされなければ、意味をなさない。どれか一つ欠けても代金は支払ってもらえない。この点を徹底して頭に叩き込むことだ。

自分勝手は御法度だ

ある会社を退職した男がいた。辞めるとき会社を批判し、業務の引き継ぎもせず、啖呵を切って辞めていった。当然、残された者は、その後始末に追われた。ところが、しばらくして、フリーの立場で仕事をさせてほしいと依頼してきた。かなり困ってのことだろう。まともな人なら、「冗談じゃない」と思うだろう。ボロクソに批判して辞めた会社に協力を依頼するのは、常識はずれ以外の何ものでもない。どんな不満があるにせよ、一度はお世話になった会社だ。不満があるのはわかるが、辞めるときはきれいに辞めるのが大人というものである。もちろん、依頼は断られた。

「立つ鳥跡を濁さず」と言われるが、**人間は去り際が肝心**なのだ。辞めるときに「アイツはさすがだな」と言われるようでないと、どこの会社に職を得ても、また独立しても決してうまくいくことはない。なぜなら、人が力を貸してくれないから。

人の力を借りるためには、一人の人間として評価されなければならない。裏切らない。義理も人情もわきまえている。だから好印象を持たれ、信頼を得られるのだ。

会社の看板がないと仕事ができない人も他人が力を貸してくれることはない。「あの人が大手企業の社員でなければ誰も相手にしないよ。取引先だからしぶしぶつき合っているのだ」と言われている人もいる。

こういう人が独立しても、誰も協力してくれることはないだろう。

前向きな意識がある人は、会社の看板で仕事をするようなことはない。自分自身が商品だという気持ちで、正面からぶつかっていく。へんに策を弄することもない。

それだけ仕事というものを真剣に捉えているのだ。

人間としての器量がデカイとも言える。どんな取引先であろうが「関係はイーブン・イーブンだ」ということを理解しているから、驕ることもなければ、極端にへりくだることもない。こういう人は絶対に伸びる。他人も力を貸してくれる。

ビジネスでは、たとえ相手が大企業であっても、町の小さな会社であっても、取引をするという点に関しては対等の関係なのだ。

小さな取引先には威張り散らす、ところが大きな取引先には平身低頭。こういう人は自分の利益のためだけに人を利用して、あとは知らん顔をする。こんな評価を受けないように、自らの行動をチェックしてほしい。

みなが気持ち良くなる「ありがとう」の勧め

私自身がとくに意識していることではないが、私はよく「ありがとう」と言うそうだ。たとえば、経理の支払担当者が完了を報告してくれたら。コンピュータに詳しい者に教えてもらったら。コピーを人に頼むことはめったにないが、たまに打ち合わせ中など席を外せないときなどはやむを得ずお願いする。そんなときも当然だ。ヒット商品をつくってくれた商品開発者、営業担当者に、広告折衝担当者に……と社内で口ぐせのように言っているらしい。

何らおかしなことだと思ったこともないが、中途入社の者は驚く。上司、ましてや経営者が若い中途採用者に対して「ありがとう」なんて、前の職場では言われたことがない、ということらしい。

感謝の気持ちを述べているだけであって、ほめているわけでも、けなしているわけでもない。**評価は絡んでいない**。それでも、言われたほうは気持ちが良いようだ。

社内を見回せば、そうした**人として当たり前のことを当たり前に**やっている者が長らく活躍してくれている。つまり、そういうことができなかった者は部下がついてこなかったり、トラブルを起こして会社を去っていっているのだ。もちろん、自分の力を試すために、本当にやりたいことに挑戦するために飛び立っていった者も多くいるが。

人として当たり前のことを当たり前に行なう。あらためて言うことでもないが、人の力を借りられる人間になりたいと思うのならば、自分自身を省みてはどうだろう。

人の力は借りるもので、利用するものではない。これが真実である。

8

逃げの心と考えすぎは禁物

――一生懸命になれないからストレスがたまるのだ

人間関係はもっとシンプルに考える

あなたはストレスがたまるタイプだろうか。

因みに私は、ストレスがたまらないほうだと思う。というよりストレスを意識したことがないと言ったほうがいいのかもしれない。

性格的には気が短いし、何でもすぐにやらないと気が済まない。仕事を中途半端で投げ出して遊ぶことはできない。

ただし、一区切りついたら徹底して遊ぶ。嫌なことは、極力思い出さないようにする。しかし、夢には出てくる……。

専門家に言わせると、**ストレスというのは個々人の耐性によって感じ方に大きな開きがある**そうだが、繊細な神経の持ち主だからといって、ストレスを強く感じるとも言えないようだ。ストレスも気持ちの持ち方で感じる度合いが違う、ということだろう。

職場というのは、ある面ではストレスがたまる。仕事の性質にもよるが、むしろ人間関係でストレスを感じることのほうが多いものである。

仕事に関して言えば、たとえば私が今やっている原稿書きは、通常ならストレスがたまる仕事だろう。しかし嫌々書いているわけではないから、目と手は疲れ、肩は凝るが、不思議とストレスは感じない。脱稿したときの充実感を考えると、気持ちがワクワクする。

正直言って、結構きつい仕事だが、「締め切り日までに絶対に間に合わせる」という意識がストレスを追い払ってくれる。

人間関係で悩む場面も少ない。

私は人との関わり方をシンプルに捉えている。

好意を示せば好意が返ってくるのだから、人には誠意を持って接する。それで、人間関係がぎくしゃくすることはない。

自分から積極的に関わろうとすれば、自然に良好な人間関係は築ける。自分勝手では困るが、相手を敬う気持ちで接すれば人は心を開いてくれる。

人間関係で悩んでいる人は、複雑に考えすぎているように感じる。発想が後ろ向きで、相手の顔色を極度に気にする傾向が強い。

仕事も人間関係も、もっとシンプルに考える。

仕事は前向きに、人間関係も前向きに、という気持ちがあれば、ストレスがたまる度合い少なくなる。私は、そう思う。

考えすぎると人間ダメになる？

「人間、あまり深く考えちゃいけない」なんて言うと、哲学者に怒られそうだが、ことビジネスに関しては、**机に向かって考えるより街に出たほうが効果的だ。**

考えていても始まらないのがビジネスだ。考えることよりは行動することを優先させることだ。

そうすれば、嫌なことでクヨクヨ悩むことも少なくなる。悩まなければ人間は成長しないのだが、あまり悩みすぎてもいけないと思う。

ビジネスだから、行き当たりばったりというのでは困るが、やるべき仕事が複雑すぎて混乱するようなケースは少ない。それよりも、実行段階でどう成果を上げるのかを問われるわけだから、**考えることより具体的な行動力が求められる**のだ。

やってみなければわからないのが物事の本質。

だから、思いつきでもいいからどんどんやってみることだ。考えているよりは、どう考えたって効果が出る。

今の時代は組織もフラットになった。管理職と言われる人たちも部下の管理をしているだけでは役割を果たしているとは言えない。現場の仕事もしながらセクションをまとめ上げていく能力が求められる。

あなたが管理職の立場にあっても、プレイングマネージャーとしての職務を要求されているはずだ。だから、外に出てどんどん走ってほしい。

ビジネスは走りながら考えるくらいでちょうどいい。

考えすぎると理屈ばかりこねくりまわす評論家になってしまう。理屈でビジネスが動けばいいのだが、そうはいかない。行動して成果を出すコツを身体で覚えることが大切なのである。

9

社内コミュニケーションがうまい人ほど存在感がある

――社内を歩き回ってモチベーションを高めよ

セクションを越えて連携

仕事ができる人は社内をよく歩き回る。リーダー的な立場にある人がイスに座って人がやってくるのを待っているようではダメなのだ。歩き回ることによって問題点も見つかるのである。

もし、あなたがリーダーの立場にあるのなら、**問題点が浮き彫りになるようなシステムをつくり上げる**ことだ。そのためには、まず社内を歩き回ってコミュニケーションを取ることだ。

とはいっても井戸端会議をするということではない。問題点を見つける目を持って歩き回るのだ。

これは何も社内だけに限ったことではないが、組織というのは問題の巣だから、まず社内から始めよう。

私は小さな会社を経営しているが、一日に一回は社内を歩き回る。そうすることで、個々人がどういう仕事をしているのか、意欲的にやっているか、手法が間違っていないか、健康状態はどうかなどが手に取るようにわかる。微妙な雰囲気の変化にも気づく。問題点があればすぐに改善させるようにしている。

あなたがどんな立場にあっても、**積極的に社内を歩き回る**ことだ。そうすれば存在感も増してくる。

開発部門なら営業部に出かけて話を聞けばいい。販売部門なら開発部や企画部などに出かけて話をすればいい。そうすることで新商品のヒントが見つかったり、販売面での戦略が見えてきたりする。

お互いに意思の疎通が図れるから連携プレーも可能になる。コミュニケーションすることで信頼感が沸き、社内のモチベーションも高まる。

何かを探りに行くということではなく、お互いにコミュニケーションを図りながら、協力して問題点を解決していこうという姿勢を示せば、どんなセクションに行こうと歓迎されるはずだ。

コミュニケーションすることで仕事の阻害要因を取り除け

社内を歩き回ると、否が応でも問題点が見えてくる。

あのやり方は効率が悪いとか、仕事が線ではなく点になっているとか、リーダー同士の確執が仕事の妨げになっているとか……、とにかく今まで目に入らなかったものが見えてくる。

処理されていない事項も数多く見つかる。その**原因を一つひとつ探って解決すれば**いいだけの話だ。

会社組織というのは、数あるセクションがお互いにコミュニケーションを図りながら、アラを探すのではなく前向きな意味での問題点を見つけ出し、お互いが協力しながら、社業を発展させていくものだ。こういう経営風土があれば、やれ販売部門がダメだ、開発部門がダメだなどというような責任のなすり合いはなくなる。

あなたが、他のセクションのやり方を批判する先鋒であるようなら、それを即刻改めることだ。

10

決断しなければ何も始まらない！

——決断して得るものはあっても失うものなんかない！

「そのうち、変わってみせる」という嘘

成功したいのなら決断することだ——。

決断するとは、すぐやることだ——。

これが成功を勝ち取るための条件だ。


勢いに乗って伸びている会社の多くが、**時の利をつかんでいる**。「決断する」「すぐやる」を実践し、次々と有効な手を打っていく。

ビジネスでは、「決断していれば展開は変わっていたのに……」という例は枚挙にいとまがない。

これは、個々のビジネスパーソン人生でも同じだ。

時は待ってくれない。

変わるべきときに変わらなければ、永遠に変われない。

変わらなければならない。そう、今すぐ決断することだ。「そのうち、変わってみせる」というのは嘘である。私の知るところでは、変わった人は一人もいない。

ビジネスで**最も求められる能力は挑戦意欲**だ。新しい伝説をつくってくれるようなパワーのあるビジネスパーソンである。

現状に甘えているだけでは企業というものは潰れる。だから、現状を打破して新しい展開を持ち込める人が不可欠なのだ。

決断すればあなたは蘇る！

本章では、いかに挑戦することが大切かを述べてきたが、具体的に挑戦しなければ読んでいただいても価値はない。あなたに挑戦意欲を出してもらうための動機づけはできても、実行段階にまで手を貸してあげることはできない。

あとはあなた自身の問題だ。**あなたが、いつ決断するかで将来は決まる。**

決断するには勇気がいる。しかしそれは、あなたを大きく育てるための勇気なのだ。

それが本当に理解できれば、あなたは変われる。

決断して走り出せば、思いのほかうまくいきすぎて拍子抜けするようなこともある。また、うまくいかなくて崖っぷちに追い込まれることがあるかもしれない。

そんなときには、**火事場の馬鹿力というか、今までに経験したことがないような力が出てくる**ものだ。「自分にも、こんな力があったのか」と、驚くはずだ。

こういう経験を積み重ねることで、目の前のハードルを確実に越えることができる。この繰り返しで人間性も仕事の能力もレベルアップしていく。精神的にも強くなっていく。少々のことでは動じないようになる。

こういう経験を数多くすることだ。必ずや苦しいことよりも喜びのほうが多くなってくる。苦しい思い出も、ハードルを越えると楽しい思い出に変わる。この感覚は筆舌に尽くしがたいものがある。

嘘だと思うならやってごらんなさい。あなたの**目からウロコが落ちるから**。

第3章

付加価値のある仕事とは？

1 成り行き主義がすべてをダメにする
――仕事の成果はシミュレーション次第だ

仕事にシナリオを書くクセをつける

日常業務の効率化、これは頭で考えるのではなく、自然と体が反応するレベルまで習慣化させる。スピーディーに、正確さを常に意識し、それを実行できるレベルにまで高めていくのだ。

小さい仕事を一つずつ、**着実にやり遂げた先に成果が生まれる。**一足飛びでゴールにたどり着けるわけではない。どんな仕事でも、入念な準備が必要となる。進行過程では数多くのルーティン業務が待ち構えている。

細々した仕事は嫌いだからやりたくない、とか、こういう仕事は不得意だから他人に任せる、というわけにはいかない。**仕事は細部で決まる。**こういう意識を持って、全部一人で、やり切る力を身につけるしかない。

プレゼンに勝って、新たなプロジェクトを始める。新たなマーケット獲得のために新規事業に乗り出す。こうしたでっかい仕事をやり遂げ、成果を出すためにも、日々の業務を素早く、正確にこなせるようになっておきたい。

仕事に取りかかる上で、全体の流れと進行過程で発生する問題点を想定しておく必要がある。事前にシミュレーションを行なうのだ。とくに、仕事の規模が大きくなればなるほど、的確なシミュレーションが必要となってくる。成り行き主義で成功するビジネスは一つもない。

複数の人、**取引先などが関わるビジネスは、自分一人で完結するわけではない。**相手があってはじめて成り立つ。したがって、自分の行動は当然のこと、相手の行動も予測しておくことでシミュレーションの精度が増す。

シミュレーションでは、目標に対して次の三つの視点を持つことである。

①どういう「手順」で、どういう「段取り」を組むか
②そのプロセスで、どういう「問題点」が出てくるか

③その「解決策」はあるのか

リスク管理の視点を忘れずに、予め問題点を想定しておく。さらに、解決策、対処法にまで頭を巡らしておけばいいだろう。

慣れないうちは時間がかかるかもしれないが、経験を積み、フォーマット化していくことで、手早くシミュレーションできるようになっていく。

時間の有効活用を考えよ

勤務時間は有効に使いたい。効率性を高め、ムダな時間を省いていくことで、健全な働き方ができるようになる。

そして何よりも、やりたいことに時間をかけられるようになる。マーケットや顧客を分析して、新たな事業を考えることは本当に楽しい。セールスパーソンであれば、既存のお客様に喜んでいただける新たな提案書を作成する。

そういう仕事に、どんどん時間を使っていきたい。

日本は、先進国の中でも極めて労働時間が長いと言われている。それだけよく働いているという面もあるかもしれないが、その反面、時間の有効活用の意識が低いことの証であろう。

会社に長くいれば、何となく仕事をした気分になってしまう。本当なら残業しなくてもできる仕事を、残業してやっても何の疑問も持たない。

時間だけは長くいるが、中身が薄い。これではもったいない。

限られた時間を有効に使って具体的な成果を確実に出すためにも、仕事のシミュレーションが必要なのだ。

仕事の内容にもよるが、**仕事の効率が一番上がるのは午前中**である。そこで重要な仕事を片づける。この限られた時間内にいかに成果を出すかが肝心だ。

午後は、打ち合わせ、取引先へのアプローチ、資料調べなどに回せばいい。大事な仕事は頭が冴えていて、疲れがない午前中が最適である。ビジネスパーソンとして頭角を現すためには、自分の行動に自信が持てるリズムと時間の使い方を考えることだ。

2

効率の良いスケジュールを考える

——仕事も時間も細分化してみよ

時間を分散させながら仕事をする

自分が、どんな手順で仕事をしているのかチェックする。一日単位での仕事の流れを考えてみる。

誰でも、おおよそのスケジュールは頭に入っているだろうが、大切なことは、優先順位を考えてスケジュールを組むことだ。

会社で仕事をしている限りは、自分がスケジュール通りに仕事をこなそうとしても、さまざまな業務が突然入ってくることもある。急な会議に招集されたり、トラブルが発生したりすることも多い。

そんなときでも、「今日は○○があったので、△△の仕事ができませんでした」ということでは困る。不測の事態が起こっても、最低限やり遂げておかなければならない仕事は先に延ばすことはできない。だからこそ、**優先順位を考えて仕事をしなくてはならない**のである。

そのためには、時間を分散させることが必要になってくる。やらなくてはならない業務が複数あるのなら、優先順位を考えながら、万が一の場合でも、業務に大きな支障が出ないように配慮する。

それができるのが優秀なビジネスパーソンだ。

時間というのは工夫しなければ生きてこない。限られた時間を有効に使うためには、時間を一度分散させて組み立て直してみることだ。

仕事を分解し、整理してみよ

同時に、今やっている仕事も**一度分解して、整理し直してみる。**数多くの仕事をしているはずだが、細分化してみると「このやり方はムダが多い」「このやり方では流れが悪い」などという問題点に気づけると思う。

たとえば、次のような五つの仕事の要素があるとしよう。

①電話でのアポイント
②報告書の作成
③取引先との折衝
④書類のチェック&整理
⑤雑務的な仕事

その手順は、おおよそ次のようになるだろう。

仕事の性質や緊急度によって多少の前後はあるだろうが、たとえば取引先にアポイントを取らないとその日のスケジュールが組めない。したがって朝一番が最適である。企画書や報告書などの書類を提出して上司の了解を得るには、なるべく早めに出したほうがいい。朝の時間なら上司も席にいることが多い。

書類の整理や雑務的な仕事は、**空いた時間を利用して一挙に片づける**ことだ。ところが中には、こういう優先順位の低い仕事から手を着ける人がいる。

仕事では常に最適な手順を考えなければならない。そういう意識がないと「ムリ・ムダ・ムラ」という弊害が必ず出てくる。

日常の仕事では、会社の経営方針や計画に沿った流れの中で、自分はどういう仕事を、どういう段取り・手順でやればいいのかを常に意識しなければならない。

仕事の種類にもよるが、単純な流れ作業的な仕事以外は、本人の**工夫次第で、今の半分の時間で仕上げることは可能だ**。「そんなことは無理だ」と反論するかもしれないが、仕事を整理して、仕事の流れを見直せば十分に可能である。できないというのは、そういうレベルの仕事をやったことがないからに過ぎない。

要は、手順や段取りをきちんと考えながらスピーディに仕事をやるクセをつければいいのだ。そうすることで集中力も増してくる。

できる人は、どんなセクションに異動しても、きちんと成果を出す。仕事を好循環のサイクルで回すことを体得しているからである。

何と言っても、**仕事は手順と集中力**だ。

それを支えるのが「時間＝コスト」思考である。その思考を徹底させれば、限られた時間内に質の高い仕事をやり遂げることができる。そこから付加価値は生まれてくるのだ。

3

仕事の進捗状況をチェック

――一週間単位を基準に毎日チェックせよ

毎日のチェックなくして目標達成なし！

あなたの周りの「時間泥棒」とは、しっかりと戦わなくてはいけない。いざ仕事ということになれば、どんなことに対してもシビアな面を持つのだ。

日常の仕事では、同僚に自分の時間を邪魔されたり、難題を押しつけられたりすることもある。そこで、どのような態度を取るかが問われる。

集中力が必要な仕事をやっているのなら、そのような事態は極力排除すべきだ。それができるかどうかが、ビジネスパーソンの実力でもある。

向かいの席の同僚とペチャクチャ話しながらできるような業務は仕事ではない。そもそも、そんな余裕があるほうがおかしい。換言すれば、中身の薄い仕事しかしていないからそういう時間が取れるのだ。

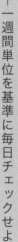

そうした行動にノーを突きつけなければ、本来、その日に完了しなければならない仕事が後回しになる。

自分も一緒になって、世間話に花を咲かせるようでは言語道断だ。ビジネスパーソンは「おしゃべりおじさん、おばさん」であってはならない。

これくらいだったらいいだろう、と甘く考えない。そういうムダな行為はさっさと切り上げて、生産的な時間を生み出すのだ。

ビジネスにとって、**時間は貴重な資源**であることを、片時も忘れてはいけない。本来、いい加減に過ごしていい時間などないのである。

目標も細分化してチェックをする！

仕事の質を高めるためにも、進捗状況を常にチェックする。そのために目標があり、計画がある。

計画とチェックは切り離して考えることはできない。常に計画に対してのチェックを怠らないからこそ、目標が達成できるのだ。

目標も細分化して考えなくてはならない。月間目標に対して、最初の一週間でどの程度達成できているか、それを日割りにするとどこまでやればいいのか、というように細分化してチェックする必要がある。

このチェックを怠ると、最後の段階で辻褄が合わなくなる。そこで焦ることになる。当然、仕事の質が落ちる。ミスも多くなる。こういう悪循環のサイクルをつくらないことである。

セクション単位で見ても、こういうチェックが甘くなると、個々人のチェックも甘くなる。すると、毎月、目標が達成できなくなる。

週単位で実績を追え

月間目標を達成させるには、基本的には**一週間単位で進捗状況をチェック**するのがベストだ。もし予定通りに進行していなければ、次週に挽回できるように計画を組み直すことができる。

週単位を基本ベースにすれば柔軟性も出てくる。そうでなければ手を打つのが遅くなり、挽回策も実行できない。それでは、目標を達成することは難しくなる。

販売関係のセクションでは、それが明確な形となって現れる。目標を達成できない大きな原因は、目標を細分化せず、個々人の意識が甘くなることにある。「今週中に、何が何でも週の数字を稼がなければ」という意識が希薄になるのだ。

「今月中にやればいいんだろ」という意識では、月末近くになると追い込まれ、気持ちに余裕もなくなる。そこで無理をすることになるから仕事の質も落ちるのだ。それでも、何とか辻褄を合わせられるようなら、それなりの力量がある。

しかし、ほとんどのケースで、それは無理だ。実績が目標数値とかけ離れすぎて「頑張っても、もう手が届かない」という諦めが出てくる。

そこで逃げが始まる。いつも目標を達成できないのは、毎日のチェックを怠るからだ。平均点以下の成果しか出せないのは、チェックを怠ることで挑戦意欲もなくしてしまうからに他ならない。

仕事は分単位で行なうくらいの意識で丁度いい。

また、電話一つにしても、忙しいときには、特別な電話以外は断るくらいでないと集中力は持続できない。これくらいの厳しさがないと、仕事は計画通りに進まないのだ。

4

予想される問題点を把握して行動する

——先を読んで問題が起こらないように事前に手を打て

常に情報を集めて予測される問題点を洗い出せ

優秀なビジネスパーソンほど「不安は的中する。だから不安が的中しないように事前に手を打つ」と口を揃える。

あらかじめ、起こり得る問題点を予測して、事前にその対応策を講じているのである。危機管理の視点がしっかりしているのだ。

何が起こるかわからないのがビジネスだ。どんなに段取り・手順をしっかりしても、不測の事態で思わぬトラブルに遭遇することもある。

予期できないトラブルが発生したとしても、そこには必ず原因がある。それを解決しておかなければ、また同じようなトラブルに遭遇することになる。そういう事態が極力少なくなるように、常に対策を怠らないことが大切なのである。

一度解決すれば、それはあらかじめ想定されるトラブルとなる。トラブルの解決事例をストックしていけば、より迅速な対応が可能になるのだ。

・できるビジネスパーソンは問題が起こることを予測しながら事前に対応策を講じる
・できないビジネスパーソンは、問題が起こるという予測ができないから対応が後手に回る

先手で対処するか、後手に回るか。この差は非常に大きい。トラブルをコントロールできるようになれば、一級のビジネスパーソンである。

最悪なのは、後手に回るどころか、問題点を考えようともしなくなっている場合だ。仕事で起こり得る問題点すら予測することができない、あるいは問題点が明らかでも、具体的な対応策が浮かばない状態である。

その背景には情報不足がある。世の中の動きに鈍感なのである。

当然、フレキシブルな発想も出てこない。「今まで、これでやれてきたのだから、このままでいい」という保守的な考え方に支配されてしまう。

今の仕事のやり方に疑問を感じなければ、情報を仕入れようという気にもならない。本来なら気づいて改善しなければならない問題点に気づこうともしない。だから情報も軽視するのだ。

情報をどう仕事に生かすか

先を読んで、確率の高い仕事をするためには、情報収集は避けて通れない。情報収集が遅れたがために墓穴を掘るケースは非常に多い。

自社の問題点をあぶり出し、戦術面での不足を補うには、業界内で成長を続ける他社の動向に注目する。戦略面では、他業界で伸長著しい会社のビジネスモデルも頭に入れておくべきだろう。

ただし、こうした**有益な情報は待っていても手に入らない**。フットワークを軽くして歩き回るからこそ、鮮度の良い情報が手に入ってくる。

その行動で集めた情報が価値のあるものであればあるほど仕事の質を高めることができる。また他社より有利な展開に持ち込める。

社会や経済の動き、業界の動きなどの詳細な情報を仕入れてこそ、先を見通しながら仕事ができるようになる。

情報収集に熱心な人には、柔軟な発想ができる人が多い。

未来を読み取る先見性もある。

彼らは、情報はある面では固定観念を払拭してくれるツールだと知っているのだ。ビジネスの世界で固定観念を持ちすぎることのリスクを察知しているのだ。

情報化社会では、情報をいかに集め、それをビジネスにいかに生かすかで勝負が決まる。いつの時代でも、これは歴然とした真理なのだが、これからの時代は、さらにきめの細かい情報を収集して分析し、的確な未来予測ができる能力が求められる。

情報は、インターネット、新聞、テレビなどのメディアだけで仕入れるものではない。取引先にもあれば、街を歩いていても手に入れることができる。そういう情報を各セクションで集めて検討し、今後の計画に活用することだ。

情報一つで大きなビジネスチャンスが生まれる時代である。

確かに経験は大事だが、それに固執しないで修正していく意識と実行力がなければ、これからのビジネス社会で大きな成果を出すことはできない。

5 仕事に追われるのではなく、追いかける
——今の仕事のやり方では周りに迷惑がかかるのでは？

早め、早めが仕事の鉄則

これまでたくさんの人と仕事をしてきたが、**一番ほっとするのは、早めの進行を心がけてくれる人**だ。

こういう人は、レスポンスも非常に早い。仕事の要所、要所で、早めに相談をしてくれる。自分が気づかなかった問題点を、いち早く指摘してくれる。だから、一緒に仕事をしていてとても安心できる。ラクと言ってもいいくらいだ。

なかには、ほとんど連絡がなくても、仕事の期限までには、高いクオリティできっちり仕上げてくる人もいる。こういう仕事のスタイルが固まっている人もいるが、品質まで担保してくれるケースは非常に稀である。

周りから信頼を得るためには、クイックレスポンスを意識し、早めの相談、早めの

提出を心がける。絶対にそのほうがいい。

進捗状況を共有し、何かあったときに、先手で対応できる状態をつくる。自分の頭で考えず、何でもかんでも相談するような態度は問題だが、結果として、お互いに話し合いながら進めたほうが、品質が向上するケースが圧倒的に多い。

何でも一人でやろうとしない。相手とともに仕事を進める。仕事を隠さず、オープンな状態にしておく。

最近は、ウェブ上のツールを使って、進捗状況を共有しやすくなっている。そこで意見交換することもできる。

納期間際になって絶望的な品質だと気づいたら、もう、手の施しようがない……。

現実には、こうしたケースはそこかしこに転がっている。そんなときは、仕事のパートナーや、仕事を指示した上司がフォローする羽目になる。

これでは目も当てられない。

仕事は追われるものではなく、追いかける。

周りの力を借りながら、スピード重視で進行させることで、うまく進んでいくものなのだ。

常に「品質」「納期」「コスト」を意識する

仕事は必ず相手がいる。個人的に任された、一人で完結すべき仕事であっても、上司や、仕事の発注先と連絡を取りながら仕事を進める必要がある。取引先、顧客、上司、同僚……と、**それぞれにスケジュールを組んで仕事をしている**のだ。

だから、決められた期限に、求められる品質を伴った仕事をする必要がある。これらの要素が満たされないと、相手に必ず迷惑をかけることになる。

周囲が見えない人は、自分が遅れることによって、相手（同僚、取引先など）に、どういう迷惑がかかるのかが理解できていない。自分の仕事にしか頭が回っていないので、**相手の困った姿が想像できない。**

なかには、いつも目の前の仕事に追われていて、他の仕事、相手の仕事まで考える余裕がない人も多いだろう。しかし、同情の余地はない。しっかりとした当事者意識がないから、そうなるのだ。

当事者意識のある人とは、換言すれば、「品質」「納期」「コスト」の三要素を、責任を持ってクリアできる人のことである。それは、早め、早めに進行するからこそ可能になるのだ。

一ヶ月で仕上げなければならない仕事ならば、納期の一週間前に、一週間なら一～二日前に仕上げる。そのほうが質の高い仕事ができるし、不測の事態にも対応できる。

納期が遅れるだけでなく、仕事の質も悪ければ、当然、余計なコストがかかることになる。本来なら五日で仕上がる仕事に七日も八日も費やしたのでは、それはコストと時間のムダ遣い以外の何ものでもない。

逆に、仕事の相手から、いつまでたっても返事がこないケースもあるだろう。おそらく、他の仕事にかかりっきりの状態で、自分の仕事を後回しにされている状況だ。

そういうときには、そのうち連絡がくるだろう……などと安易な期待はせず、接触回数を意識的に増やしたほうがいい。こうした督促を行なわないと、ほったらかしにされる可能性が非常に高い。

それで納期が遅れたとしても……責任を負わされるのは、**相手をコントロールできなかったあなた**である。仕事で相手に迷惑をかけないことが鉄則だが、迷惑をかけられないようにするのも、重要な業務の一つと心得よう。

6

問題解決能力を身につける

——問題が発生しない組織はない

改善意欲が問題解決能力を高める

組織は常時、多くの問題点を抱えている。一つの問題を解決したと思っても、また次から次へと新たな問題が出てくる。それをそのままにしておくと、あまりにも多くの問題点を抱え込むことになり、そう簡単には解決できなくなる。

付加価値を生み出すビジネスパーソンとは、常に改善意欲を持って問題点を探し出し、解決していく能力を持った人間だと言える。

現状を打破する気持ちがあれば改善意欲は出てくる。「もっといい仕事をしたい、もっと効率的にやりたい」という意識を持ち続けないと、「今のやり方で充分だ」と錯覚し、それが当然のように感じてしまう。これでは付加価値は生み出せない。

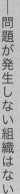

問題解決では、まず管理面の解決が前提にある。つまり次のようなことだ。

①仕事を進める上での弊害やムダがないか
↓
②弊害やムダがあれば、すぐに対応策を考える
↓
③同じ弊害やムダが起こらないように具体策を考える

こういう視点で仕事の流れを見ていくことが大切なのである。

同じミスを何度も繰り返すのは、問題解決能力が欠如しているからに他ならない。

「会社がミスをしないようなマニュアルをつくればいい」と言う人もいるが、その原因が、どこにあるのかを知らなければ、**マニュアル**をつくっても、それに頼り切ってしまい、考える力のない集団ができてしまう。つまり**応用が利かない**のだ。

ビジネスはマニュアル通りにいくことは極めて少ない。その場その場で、状況を的確に判断し、アレンジしていかなければ通用しない。

今のビジネスで最も要求される能力は、**問題解決能力**だと言っても過言ではない。もっと大きな視点で見ると、問題解決をしていく企業は伸びるし、それをしない企業は、いずれ淘汰されることになる。

スムーズに問題を解決させるステップ

実際のビジネスシーンでは、問題解決は一筋縄ではいかないが、基本的な流れは次のようになる。まずは、全体像を理解し、思考経路を自分のものにしてほしい。

①問題を発見する目を持つ
↓
②現状はどうなっているかを探る（データをチェック）
↓
③問題点をあぶり出す
↓
④どのように解決するのかの目標を決める

←

⑤どんなプロセスで行なうかを決める

←

⑥アイデアを出してみる

←

⑦対策を具体的に実施する

←

⑧その効果と目標との比較をする

おおよそ、このような手順をマスターしておけば、問題解決能力を身につけることができる。会社、自分自身の双方に、問題が尽きることはない。そういう視点で業務を見渡すことで、問題点に気づけるようになる。まずは、ここから徹底していくのだ。

7

質の高い仕事をするコツ

――スケジュール次第で仕事の質が変わる

一日の中に集中力の山をつくれ

質の高い仕事をするためには、段取り・手順を考えながら**集中の山をつくる**ことだ。私は、集中したいときには朝早めに出社する。そうすることで邪魔も入らないし、頭の回転も良くなる。何より集中できる。昼間よりもはるかに効率良く仕事ができる。それで一日の仕事の大半が終わってしまう。

人それぞれに身体リズムがあるから一概には言えないが、午前中に集中力の山がくるようにしたほうが、あきらかに効率は良い。ミスも少なくなる。

なかには、身体が完全に目を覚ますのに時間がかかる人もいるだろう。そのような人は、起きる時間を少し早くすることを考える。また夜型の人は、昼間に集中力が高まるように体内時計をずらす必要がある。

習慣というのは、考え方一つで変えていくことができる。難しく考えすぎると、習慣以前の行動自体を変えることができない。

それともう一つ。**集中力が高まっているときには、長い時間の休憩を取らないこと**だ。そうしないと集中力が途切れ、再び集中力の山をつくるのに時間がかかる。一時間に五分の休憩を取るくらいでちょうどいい。

ムダな時間を徹底的にそぎ落とす

他の仕事が舞い込んできて目の前の仕事が中断してしまうと、業務効率はガクンと落ちる。集中力を保ちながら、複数の仕事を同時にこなしていくのは難しい。

集中の山をつくり、持続させるためには、よけいな業務が入らないようにすることも大切だ。

とくに、**時間つぶしの会議やミーティングなどは減らす**ことだ。昔からやっているからという理由で漫然と続けているミーティング。事前準備ができていない、アイデアが活性化されない、お互いの批判に終始するような会議。目的が共有されず、時間ばかりが過ぎていく打ち合わせ……。これらはすぐに見直したほうがいい。

データ作成業務もその一つだ。今ではどの企業も、数多くのデータを購入、利用していることと思う。それらをまた、社内で加工して、実務に役立てていくわけだが、これらデータ作成に膨大な時間が割かれ、主業務に支障を来す例も少なくない。会議やミーティングと同様、データ作成の目的と利用の仕方を明確にした上で、業務に役立つデータに絞って作成していけば、**付加価値の高い仕事に集中する時間が増える。**

この他にも、優先度が低く、時間を短縮したり、なくすべき業務があるはずだ。これらにメスを入れて、優先度の高い仕事を集中してこなせる環境をつくっていくことで、質の高い仕事を実現できるようになる。

追い込み型より、先行逃げ切り型で

残業、休日出勤、これらも本来はムダである。もちろん、キャパシティを超えた仕事の分量なら仕方ない。明らかに仕事が多すぎたり、特定の人物に集中している際には、上司と相談し、分量の調整を行なうべきだろう。

だが、基本的に会社は個々人の能力を考慮して仕事を与えているわけだから、残業や休日出勤が常態化している場合、スケジュール自体に問題があることが多い。その場合には、スケジュールの組み方と仕事のやり方を改めなければならない。

さもないと、本人は頑張っているつもりでも、会社サイドの評価は決して高くはならない。簡単に言うと「仕事が遅い」と思われてしまうのだ。

異論もあるだろうが、仕事を休日まで持ち込むというのは、仕事のリズムが悪いのだ。スケジュールの見積もりが甘く、均等に割り振れていない。時間の活用方法が間違っている。

「週末までに終わらせればいい」というアバウトなスケジュールでは、結果として、その週のうちに終わらずに、休日に持ち込むことになる。見込み通りにいくのならビジネスは容易いが、そう簡単にいくものではない。見込み違いということも多々ある。**追い込み型よりも、先行逃げ切り型**でやってみてほしい。週の前半に集中してこなし、後半は確認・検証に時間を充てる。こうしたスケジュールを組むことで、見込み違いのケースにも対応する時間が捻出できるようになる。

8

自ら仕事がおもしろくなる工夫をせよ

——仕事を楽しめる人ほど成果が出る

おもしろくなくては、仕事ではない

一生のうちで仕事に費やす時間はいったいどのくらいになるのか、計算したことがあるだろうか。

おそらく十万時間は優に超える。それだけ多くの時間を費やすのだから、**仕事はおもしろくなくては、意味がない。**

感覚的には「ウイークデイはほとんど仕事」という人も多いはずだ。ならば「給料をもらうために、嫌々仕事をしているんだ」というのでは、人生そのものも楽しくなくなる。

また「仕事は給料分だけやって、あとは自分の趣味や遊びに使う」という考え方は、タテマエでは異論はなくても、ホンネでは「ちょっと甘いんじゃないの」ということ

になる。
ここで、あなたが仕事を楽しめる人かどうかをチェックしてみよう。

□行動の原点が自分の都合にある
□評論家タイプで具体的な行動がなかなか取れない
□仕事がスケジュール通りに進行しなくてもあまり気にならない
□催促されてから仕事を始めることが多い
□自分の仕事が社会や所属している組織にどんな貢献をしているかがわからない
□言い訳することが多い
□すぐにやらないで先延ばしにする
□終業時間をいつも気にしている
□仕事は生活の糧を稼ぐ手段に過ぎないと思う

いかがだろうか？　この項目の多くが当てはまる人は、仕事が楽しくないはずだ。
「仕事なんて、お金を稼ぐ手段だよ。お金があったら仕事なんかしないよ」と思っているかもしれない。

しかし**同じ働くなら、楽しく、おもしろく働く**ことを考えてほしい。お金のためだけに仕事をするのは、あまりにももったいないのではないだろうか。

不思議なことに、楽しく働いていない人ほど、同僚や上司の仕事ぶりを批判する。端から見ていると、「そこまで言うのなら、あんたがやれよ」と言いたくなる。

批判や悪口ばかり言う思考経路しかないから、仕事が楽しくなるはずもない。自分が仕事をおもしろくする努力をしないで、他人の批判をするのは自分の器量のなさを吹聴しているようなものだ。

批判をする暇があったら、具体的な提言の一つや二つ考えてみたらいかがだろう。そのほうが仕事はおもしろくなるし、よほど自分にプラスになると思うのだが……。

プロとして成果を出すサイクルとは？

同じ仕事をするのなら、その道のプロになることだ。そのほうが仕事はおもしろくなる。

一つの分野でのスペシャリストを目指す。とくに若いうちに、そのスキルを身につけておくと鬼に金棒だ。一つの分野でのスペシャリストであり、同時にゼネラリスト的な能力があればさらに戦いやすい。

ビジネスパーソンで一流と言われる人たちには、一つの図式がある。

①仕事に対する興味が強い

↓

②それが自分の夢や人生と重複している

↓

③だから常に前向きな思考経路を持つ

↓

④具体的に行動するパワーが生まれる

↓

⑤人が引き立ててくれて、多大な成果が出る

↓

⑥仕事が楽しく、おもしろくなる

こういう流れを意識的につくっていくことで仕事が楽しくなるのだ。成果もついてくる。好循環を自らの努力で築き上げていくのだ。

そうすることで「仕事は仕事、遊びは遊び」というメリハリをつけることができる。

いずれにせよ、仕事をおもしろくしようとしない人が、遊びをおもしろくできるとは思わない。また、充実した人生を送れるはずもない。

どんなことにも興味を深め、楽しんでやってみる。その意識を忘れないでほしい。

第４章

「やるか、やらないか」で生きてみよう

1

やると決めたら「運」が向く

——運は訪れるものではない。呼び込むものだ

努力する人に天は味方する

運とは、その人の努力に比例してついてくる。

少なくとも、私の経験では、そう断言できる。自分で「よく頑張った」と納得したときは、仕事の成果も出た。思いも寄らぬ協力が得られたり、予想以上の注文が舞い込んだりした。そんなときは、**「俺はついている」**と感じたものだ。

逆に大した努力もしなければ、当然ながら成果は出ない。そこで「俺は運が悪い」と思ってしまう。

運とは、そんなものではないだろうか。

運を呼び込む行動をしているかどうか、それが問われる。何の努力もしないで運が向いてくると期待するのは、虫が良すぎる。

努力すれば運が味方する。

少なくてもビジネス上の運とは、そう考えないと納得がいかない。グズグズ考えていても運は向いてこない。「やろう！」という気持ちで具体的に行動するからこそ、運が向いてくるのだ。時間を切り売りするような意識では、運は逃げていく。

「運を天にまかせる」という言葉があるが、**たいした努力もしないで運を天にまかせても、天が味方をしてくれるとは思わない。**

お天道様は、よく見ていらっしゃるのだ。運を天にまかせるときは、「やるだけのことはすべてやった」という条件があって、はじめて効力を発揮するのである。少なくとも、そういう意識で行動しないと、運を呼び込むことは難しい。

決断すれば運がついてくる

人生は決断の連続だ。放っておいても物事は前進しない。決断することで、勇気が沸いて運を引き寄せることができるのだ。

のらりくらりでもラクして生きたい。努力するというプレッシャーを避けたい、こうした自分の弱さを克服するには、やると決めて、自分を追い込むのが一番だ。

決断せず、ずっと先延ばしにするような行為は、ある意味、自分自身に対する背信行為だ。自分の能力を発揮できずにズルズルと生きていくのは、自分の人生を安売りしているのと同じではないか。

ビジネスでは、的確な判断力に基づいた「決断力」が不可欠である。決断することで前向きな精神と行動力が培われることを忘れてはならない。

①決断すると、「やろう!」という気持ちが出てくる

←

②いつの間にか強い心に支配される

←

③負荷のかかる仕事でも挑戦できるようになる

←

④行動そのものに輝きが出てくる

←

⑤運が寄ってくる

「やると決めたら、絶対にやるんだ」という意識ほど、強力なパワーの源となるものはない。いかに能力があっても、この意識が希薄だとパワーは出てこない。決断することで能力が発揮できるのだ。

決断したら、すぐ実行段階に入る。時間をおくと、そのうちに弱い自分に逆戻りしてしまう。熱が冷めないうちに動き出す。

決断しても実行しなければ、決断しないのと同じだ。そうならないためには、一度決めたらアレコレと考えすぎない。

それなりの提案をするが、決断力がないからいつまでたっても空論の域を出ない。そんな人が、どんなところにもいる。ビジネスの本質がわかっていないのだな、と本当に残念に思う。

提案するのであれば、自分が先頭に立って、やれることをやっていく。毎回、そういう態度をつらぬけば、あなたへの信頼は、強固なものになっていく。

「提案と行動はワンセット」そう決断することだ。

2

「できる、できない」で考えない

——「やるか、やらないか」で考える

「できない」と思うからできない。「やろう！」と思えばできる

「できる、できない」という発想を、一度、脇に置いてみる。

その意識から抜け出せないと、挑戦意欲をなくしてしまう。当然、成果は出にくくなるし、それがプレッシャーとなり、自信を喪失していく。

さらに、自分の行動を正当化するために、言い訳を考えるようになる。心理学的に言うと「合理化」である。あるいは責任転嫁を始めるようになる。

こんな負の連鎖に陥ったら最悪だ。

「できる、できない」ではなく、「やるか、やらないか」という発想をする。

まずは、「やるしかない」と腹をくくる。そうすることで自分の意識を鼓舞し、自らの尻を叩き、前向きな行動にかき立てるのだ。

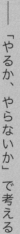

自分の生き方そのものへの挑戦姿勢を打ち出す。

私自身も、「できる、できない」という意識では、何事もうまくいかないということに気づかされたことが何度もあった。それぐらい、人は易きに流れる。弱い生き物なのである。

だからこそ、「やるか、やらないか」という意識を前面に出しながら、弱い自分と戦っていくしかない。

これは決して苦しいことではない。むしろ、どんどん勇気が沸いてきて仕事が楽しくなる。不思議なことに、今までの自分ではとうてい出てこなかったような知恵が出てくる。ついつい、賢くなったかのような錯覚に陥ってしまうほどだ。

結果は後からついてくるものだ

「できる、できない」という発想は、結果にとらわれ過ぎている。

でも、結果を恐れて行動しないことが、一番、結果が出ない。

それに、結果そのものだけを追い求めてもビジネスはなかなかうまくいかない。明確なシナリオを書いて、そのステップを一つひとつ確実にこなしていくからこそ、結果がついてくるのだ。

結果を恐れてはならない。結果は、あなたの行動についてくる。

結果が出ないということは、何かしらの問題点があるという警告だ。常に、この発想でビジネスを組み立てていく。問題点があれば、それを改めればいい。

難しく考えすぎない。これが人の能力を伸ばす図式である。

換言すれば、満足できる結果が出せていないときは、出ないような仕事をしているに過ぎない。そう考えたほうが、改善点に早くたどり着ける。


とくにセールスパーソンの場合では、それが顕著である。同じ商品を扱いながら、売れる人は売れない人の十倍くらい当たり前のように売る。それも毎月である。

その差はどこから生まれているのか？

優秀な人は、常に結果を見ながら、同時に問題点をあぶり出す。もっと伸ばせるポイントがないか貪欲に探す。たとえ目標を上回る結果が出たとしても、それが自分の力で達成できたものなのか、偶然、結果が良かっただけなのか、力が足らずに伸ばしきれなかった点はなかったかを振り返っているのだ。

結果を見て、それを自分の問題として捉えることができるから、解決策が浮かんでくるのである。

ところが、なかなか成果が上向かない人は、「商品が悪いから売れない」「担当地区が悪いから売れない」「競争相手が強力だから売れない」……などと言い訳する傾向が強い。こうした行動は、結果と向き合っていないのだ。

結果が出ないことをひたすら恐れ、その結果自体を、他のことに転嫁してしまう。これは、とても残念な行為である。目先の結果に一喜一憂していては、自分がこれからなすべきことに気づけない。

結果は恐れるのではなく、向き合うもの。売れても、売れなくても、原因は自分自身にある。その前に、自分がどれだけのことをやってきたのかを振り返るのだ。この点をしっかりと認識する。

「できる、できない」発想から脱皮する。今こそ、「**やるしかない！**」と決めようではないか。そうすれば閉塞感から抜け出すことができる。

やってみる、自分のために。

3 やると決めたら「知恵」が沸き出る

——強い決意が知恵の源泉

あなたの勇気が試されている

自分が、これは正しいと思うこと、やったほうがいいと思うことがあったときに、それを周りに言い出せない。自分の責任でやらせてほしいと言えない。そうすべきだと思っても、言動に出すことが、どうしてもできない。

こんな状況に直面したときに、**勇気が試されている**と感じる。自分の弱い気持ちから逃げず、自分でハードルを越えてやろうという前向きな気持ちを持ち続けられるか、自分自身に問われる。

ある調査で、社会人5年以上の人を対象に「自分が苦手なこと」を質問したところ、一位が「率先力、決断力」、二位が「創意工夫、発想」、三位が「先読み」という結果が出たそうだ。

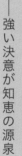

多くの人が、仕事や人間関係でのトラブルやリスクに臆病になってしまい、自ら率先して行動することを躊躇してしまう。その結果、決断を上司に仰いだり、他の人に同意を求めたり、ときには決断をまる投げしてしまったりする。

だが、同時に、そんな自分ではいけない、と危機感を持っているのであろう。だから、本当は必要だと思っていても、苦手だと意識している。

試されているのは、「やる」と言って一歩を踏み出す勇気なのである。

やると決めて逃げ場をなくせば、成果を出すための知恵が生まれる。これまでまったく見えなかった問題点が見えてくるようになる。

ビジネスというのは、ある面では知恵の勝負だ。知識はあっても知恵のない人は、付加価値のある仕事ができない。いつの時代でも、**ビジネスで求められるのは知恵を生み出すパワーと行動力**なのだ。

考えていても始まらないのが人生――。

知恵のない人が成功しないのがビジネスでの現実――。

そこで必要となるのが勇気だ。勇気を奮い立たせれば知恵も出てくる。それでこそ、目標を持って具体的に行動しようという意識が生まれるのだ。

知恵を出して自分のスタイルをつくれ

仕事を楽しんでいる人は、自分のスタイルを持っている。どんな仕事でも創意工夫することが習慣化されている、ともいえる。

決められた時間内に決められた仕事を義務のようにこなすだけでは、仕事がおもしろいとは感じない。そこには知恵がない。自分で工夫して仕事を楽しめるようにならないと、いい仕事はできない。

「より早く、より正確に、より効率的に、より安く」という四つの要素を徹底して追求すれば、それだけでパワーが沸いてくる。その結果として、どんどん知恵も沸き出てくるものだ。

・「より早くやろう」と思えば行動力が出てくる
・「より正確にやろう」と思えば集中力が出てくる
・「より効率的にやろう」と思えば創造力が沸いてくる

・「より安くやろう」と思えばコスト意識が出てくる

この四つの意識をしっかりと持てば、仕事のやり方が大きく変わる。相乗効果も出てくる。これが付加価値のある仕事をやるには手っ取り早い方法だ。

どんな小さな仕事でも、それをやり遂げたときの喜びは大きい。単調な仕事ならやる気が起きないというのは、単なる甘えにすぎない。どんな仕事も単調な仕事の組み合わせである。それが理解できないと、いつまでたっても**限界に挑戦できないし、知恵も生まれてこない。**

世の中には「一流」と呼ばれる人たちがたくさんいる。野球、サッカー、ゴルフ、競馬、競輪、音楽、芸術………、みんな**単純なことをとことん極めた**からこそ、そう呼ばれるに相応しい力量を身につけることができたのだ。

単調なことをやる苦しさと大切さを肌で感じ取り、試行錯誤しながら頑張るからこそ、スポットライトを浴びることができる。

つべこべ言わずに前向きに取り組む人は絶対に強くなる。知恵を生み出すことができる。それでこそ、ホンモノと言えるのだ。

4 やると決めたら「人」が協力してくれる

——本気になれる人ほど人を惹きつける

ひたむきに取り組む姿勢が心を打つ

理屈をこね回して口では立派なことを言うが、行動が伴わない人のことを「口舌の徒」という。何事においても自ら手を下すことはせず、いつも傍観者でいようとする。

自分はそうならないように戒めよう。

なかには、「これをやってくれないか」と頼まれると、「エッ、私がやるんですか」と驚く人もいる。**自分の仕事のテリトリーが強固**なのだ。にもかかわらず、自分は同僚に協力を依頼したりする。

言葉はひどいが、ビジネスパーソンとしては典型的なバカだと思う。

自分の態度が壁をつくっているにもかかわらず、誰も協力してくれなくなると、そのうちイライラが募り、情緒不安定になってくる。やる気も喪失し、自分の居場所がなくなって辞めざるを得なくなる。私は、そういう人を何人も見てきた。
正直に言おう。彼らは暇なのだ。目の前の仕事に真剣に取り組むことを、格好悪いことのように捉える特性がある。そういう頑張っている人たちのおかげで、会社が存続しているにもかかわらず。

人間は一人では生きていけないし、ましてやビジネスは一人ではできない。

こんな当たり前のことが理解できていないから、自己中心的な行動しか取れなくなるのである。大人になり切れていないのだ。
私は、こういう人は、ビジネスを共にする人とは認めない。少なくとも組織の一員として仕事をするのなら、同僚や取引先の理解と協力を得られることこそ大切なのだ。そのためには、仕事に本気で取り組まなくてはならない。

人が力を貸してくれるのは本気でやる人である。

ひたむきに仕事に取り組む姿は、端から見ていても輝いて見える。心を打つのだ。本気でやる気を見せれば、相手の気持ちを動かすことができるのだ。
本気になれないセールスパーソンの成績が悪いのは当然だ。相手がそのセールスパーソンを認めていないからだ。本気でないから、適当にかわされる。

「アイツは本気だ」と感じれば、相手も本気で対応しようとするものだ。つまり、「力になってやろう」と思うのだ。

やり抜く人はヘッドハンティングされる

あるヘッドハンターに、各企業が求める人材像、転職市場で欲しがられる人の条件を聞いたことがある。

彼は次の三点を挙げた。

①業界内での評価が高い人、すなわち成果を出せるやり手
②上級レベルの専門分野を持つ人
③やり抜く意志の強い人

この他にも条件はあるだろうが、集約すると「成果を出せるプロ」ということになる。

もちろんヘッドハンティングでは、それぞれの立場（レベル）で求められる人材が違う。経営のプロ、財務、販売、技術、研究職……などさまざまだが、共通して求められるのは、限られた期間内に期待通りの成果を出せるかどうかということだ。期待はずれならすぐに切られる。それがヘッドハンティングの現実である。

そもそも会社が支払う給料というのは、個人の役割に対して支払われるものである。一般社員なら一般社員としての役割、課長なら課長、部長なら部長の役割をきちんとこなすから、それに見合う給料が支払われるのだ。役割をこなすということは、自分の責任と権限を自覚し、会社が策定する経営目標に沿って**責任を持ってやり抜く**ということである。

これまでは、平均的な資質があり、そこそこの世渡り上手であれば、何とか組織の一員として給料をもらうことができた。

しかし、いまは何かしらの付加価値を生み出す能力と、具体的な行動で成果を出せない人は必要ない。つつがなく、失敗しないように生きようとしても、こと企業においては、そういう行動しかできないと不要な人材と見なされるのである。まして、独立して一人でやろうとしてもうまくいくはずがない。

5

「逃げ道」は自分で塞いでおく

――ときには意識的に自分を追い込むことも必要だ

逃げ道ばかり見つける生き方は恥ずかしい

人間は弱い生き物だから、逃げ道を探したくなる。ラクして生きたくなる。

しかし現実には、仕事をしなければお金はもらえない。天からお金が降ってくることなどあり得ない。

会社に勤めるのなら、その組織の中で評価されるような仕事をするしかない。それが嫌なら自ら独立してやるしかない。生きていくためには、逃げ道などないのだ。

いくつになっても「自分が何をやりたいのかわからない」という人もいるが、それはおかしくないだろうか。生きていくことを甘く考えている。いざというときには誰かが面倒を見てくれる、という逃げ道があると錯覚しているのではないだろうか。

既に立派な大人であるはずなのに、いまだに「何をやりたいのかわからない……」

と言う。「いい加減に目を覚ませよ」と言いたくなる。

こういう生き方は、自分をだます生き方だ。やってみなければどんな職業が向いているかなんてわからない。

「やってみてはじめてわかる」ということが理解できていないのである。

というよりは、自分の弱い気持ちに逃げている。早く抜け出さないと、年齢を重ねるに連れて、自分の生き方に寂しさを感じるようになる。

世の中で成功している人、あるいは人生を謳歌している人は、自分の弱さを知っていて、自ら自分の尻を叩いて逃げ道を塞ぎ、頑張ってきたのだ。弱い気持ちに逃げないで、自分を叱咤激励しないと、何事も成就しない。

「頑張る」とは逃げ道を塞いで突っ走ることなのだ。

「逃げ道を塞ぐ生き方は窮屈だ」と言う人もいるが、そんなことはない。**やってみれば、今まで経験したことのない充実感を味わうことができる。**

逆境での馬鹿力は誰にでもある

誰でも逆境に追い込まれるのは嫌だろう。だが、その逆境を経験しないと強くなれないのもまた真実である。

逆境こそ人を大きく成長させる。

だからこそ、逆境を恐れないで挑戦することが大切なのだ。

失敗してどん底に突き落とされても、「まだやれる」という気力があればチャンスはまた巡ってくる。輪廻転生という言葉があるが、人の魂は、迷いながらも永遠に滅びることはない。だから、一つや二つの失敗を恐れる必要はない。

私も紆余曲折の人生を生きてきた。十五年間の会社員生活と決別し、自分で新たに会社を興した。貯金は皆無。あるのは飲み屋の借金だけという状況だった。おまけに下の子どもは産まれてまだ二ヶ月……。

確かに不安はあったが、自ら逃げ道を塞いでしまったので、もう後戻りはできなかった。しばらくは、今まで経験したこともないような下痢が続いた。そんなにやわな神経の持ち主ではないと自負していたが、そのとき、はじめて「人間って弱いものなんだ」とつくづく感じた。

会社をつくるにも資金がないから、何人もの人に頭を下げて熱心にお願いした。それでようやく出資金一千万円をつくり出した。会社を設立しても生きた心地がしなかった。計画通りの数字が出ないし、銀行には門前払いされるし……。それでも、「俺は絶対に負けない」いう気持ちだけは強くあった。

今、思い出してみると、「よくあれだけ頑張れたものだ」という気がする。また、結構楽しかったという気もする。貧しくても充実した毎日だったと思う。

それもこれも逆境に追い込まれたからに他ならない。やるしかないのだから、逃げるわけにはいかなかったのだ。私の人生では、一番大きな経験をした時期であった。

そんな折り、成功しているベンチャー企業の経営者にお会いした。私が苦戦しているのを察してか、「僕だって君と同じ道を歩んできたんだ。諦めちゃいけないよ。諦めなければチャンスは巡ってくるから」と励ましてくれた。

逆境での馬鹿力は、誰にでもある。私のような弱い人間でも、そういう力が出てきたのだから、誰だって、やろうと思えばできる。

いくら能力があっても、いつも逃げ道ばかりつくっていては納得できる人生は送れない。将来の人生をかけての勝負時は誰にでもある。そんな時に、逆境を恐れている暇などないのだ。

6

自分のハードルは自分で越える

——「強さ」は自分のために

助けを求める弱さを断ち切る

ビジネスは一人ではできないけれど、**最初から助けてもらおうという意識では絶対にうまくいかない。**そういう甘えがある人は、どこかで真剣になりきれない。任せられた仕事は全責任を持って臨むという気持ちが大切である。

生きていくということは、自分との戦いでもある。ビジネスでもそうだ。本当に頼れるのは自分だけではないだろうか。

誰が助けてくれるというのだ?

誰もいない。自分でやるしかないのだ。

自らの考えで、自らの目標で、自らの努力で、自らの責任で行動する。

そうすることで、自らのハードルを自らの力で乗り越えることができる。この経験がないと、たとえ人から協力してもらっても、それが当たり前だと思ってしまう。人に感謝する気持ちも沸いてこない。これでは人心が離れていく。

自分でハードルを越えられるようになると、自分が日々成長していくのが実感できる。こういう経験をするのは楽しい。自信もつく。

若いうちに、そういう経験を積み重ねていってほしい。必ずや、仕事のおもしろさを実感してもらえると思う。

自分のハードルを越えた先には、仕事での成果もついてくる。存在感も増していくだろう。

換言すれば、**自分の弱い部分に勝つことができれば何でもできる**ということである。そういう人なら、独立してもうまくいく。

「誰かのためにやろう」なんて考える必要はない。

すべては自分のためなのだ。その先に成果があり、貢献することとなる。自分自身が強くならなければ、周りを助けることはできない。

自分の将来を意義あるものにするために頑張ることだ。そのほうが絶対に楽しい。

苦しいときに励ましてくれる言葉を持ちなさい

それでも、苦しいときには逃げ出したくなるのが人の心だ。だが、逃げ出せないのが人生ならば、苦しいときに自分を励ましてくれる言葉を持とう。

私は、苦しいときにはいつも、この言葉で弱気の虫を退治する。

「俺を大きくするために神様が与えてくださった試練だ」

これだけでも、勇気が沸いてくる。また頑張ろうという気になる。

何度失敗しても気落ちせず、奮起することのたとえに「七転び八起き」という言葉があるが、こういう気持ちを持てば、勇気がなくなることはない。

すべてがうまくいくことのほうが稀なのである。だから、一度や二度失敗したくらいで自信をなくしたり、逃避するのは間違いなのだ。

ビジネスは、ある意味では説得と交渉の連続である。社内では上司や同僚を説得し、部下を説得し、取引先や顧客を説得し、納得させなければならない。だから、精神的にタフでなければ生き残れない。

しかし、そんな人はむしろ少ない。

みんな弱い自分と戦いながら生きている。

だからこそ、気持ちがメゲそうになったときに自分を励ましてくれる言葉を持っておこう。


為さざるなり。あたわざるに非ざるなり。


『孟子』に出てくる一節である。私の好きな言葉である。

できないというのは、その意識が希薄なだけであって、不可能ということではない。「やればできる！」という気持ちでぶつかっていけばできることのほうが多い――という意味である。

「中堅」と呼ばれるようになったら、少なくとも期待される成果は必ず出さなければ、生き残れない。それだけに**精神的な面を強化しなければならない**。その一助となるのが、**自分を励ましてくれる言葉**である。

7

柔らかい頭が自分を育てる

——ビジネスに正解はない

さまざまな角度から見るクセをつけなさい

ビジネスで必要なのは知恵だが、その前に知識や情報が必要になる。知識を学び、アンテナを張り巡らして情報を仕入れて分析し、それらをビジネスに役立つ知恵に変えていけるのが、頭の柔らかい人なのだ。

だからこそ、あっと驚くような新商品を開発したり、販売チャネルを開拓できたりするのである。

ビジネスに裏技はない。だが、成功にいたる道筋や手法は多数存在する。

どんなに困難な仕事でも絶対に不可能だということはあり得ない。柔軟な発想で、さまざまな視点から考えると、有効な手段やツールが出てくるものである。それが、仕事をおもしろくする。

商品開発の企画でも、「よくもまあ、これだけ当たり前の企画が出てくるものだ」と思われるより、「ワッハッハッ」と大笑いされるような企画を出してほしい。

笑われてもいいのだ。

笑われてプライドが傷つくなんて考えなくていい。

本物のプライドとは、「私はこうあるべきだ」という信念に基づいて行動することだ。自分のあるべき姿と違った行動をすることで傷つくのがプライドというものだ。

人に笑われて恥をかいたというのは、つまらない自己愛を大事にし過ぎているからだ。そんな自己愛なら邪魔になるだけだ。さっさと捨ててしまいなさい。

ビジネスパーソンは、もっと頭を爆発させることだ。そのためには、一つの現象をさまざまな角度から見るクセをつけるのが一番だ。そうすることで頭が柔らかくなる。それが問題解決や新たな商品開発につながるのだ。また経験則に頼りすぎることもなくなる。

あなたがセールスパーソンなら、売るだけでなく、商品企画のアイデアも考えるべきだ。売るだけのセールスパーソンなら普通だが、商品企画が出せるのなら大きな付加価値がつく。売るだけが仕事だという発想そのものが平凡すぎるのだ。もっと頭を柔らかくして、あっと驚くような商品企画でも出してみたらどうだろうか。

多くのモノサシを持とう

多くのモノサシを持っていれば、自分の範疇を越える出来事に遭遇しても、落ち着いていられる。精神的な負荷を強いられる仕事にも、柔軟に取り組もうと思えるだろう。**「視点を変えてみたら良い方法が見つかる」**という経験を、数多く積んでいるからだ。

一元的な見方しかできなかったとしたら、そういう生き方をしてきたからだと認めるしかない。残念ながら、自分で考えてやってこなかった。だから、自分の殻から外に出ることができなかったのである。

絶対に「やるんだ」という気持ちで視点を変えてみてほしい。そうすれば、自分の殻なんて簡単にやぶれる。

仕事も人生も、少し視点を変えてみるだけで意外な展開をする。人もいろいろな方向から見てみよう。好奇心を持って多くの人を観察してみよう。

そのほうが絶対におもしろい。チャンスもどんどん舞い込んでくる。

仕事が嫌なら、成果が出ないのなら、視点を変えてやり方を変えてみればいい。必ず仕事が好きになれるし、成果が出る方法を見つけることができる。

取引先に行くのが嫌になったら、「今日はどんな人に会えるのか」「魅力的な人に巡り会えるかも」というような視点でもいいのだ。ものは考えよう、頭は使いようだ。**使い方次第で、頭は自由自在にヒントを与えてくれる。**せっかくの頭脳だから、思いっきり爆発させてみよう。楽しい経験がたくさんできるはずだ。頭が柔らかい人ほど、いろいろな経験ができるのだ。

柔軟な発想で自分を変えなさい

柔軟な発想をするためには、**生活にメリハリをつける**ことをお勧めする。

人間は基本的には怠惰な生き物だ。意識的に行動を変えないと、ずっと同じパターンを繰り返してしまう。危機感を持って何事にもメリハリをつけることが重要だ。**柔軟な思考が柔軟な行動パターンを生み、新しい発見を生み出す。**そういう頭脳を、今の社会は求めているのである。

生活パターンや仕事のスタイルを意識的に変えてみると、必ず新しい発見がある。

たとえば朝一時間早く出社してみる。当然、乗る電車も違ってくる。混雑して会社に着くまでに疲れてしまうこともない。電車内で情報を仕入れることもできる。勉強だってできる。会社に着けば静かな環境の中で一挙に仕事を仕上げることができる。残務もラクラク片づく。

たった一時間早く起きるだけで、いつもとは違う景色と出会える。新たな発見が生まれる。好奇心も旺盛になってくる。

そして次々にアイデアも出てくる。そうすると、やる気もどんどん出てくる。それが行動力のアップにつながる。

今いる環境に慣れ切ってはいけない。

経済環境も加速度を増して動いているのだから、あなたも頭を柔らかくして自分を変えていくことだ。

頑なに守らなくてはならないものなんかない。偏った考え方や経験則なんか捨ててしまうことだ。その上で、どんどん新しいものを吸収して、どんどん変えていけばいいのだ。

使える頭と体力は使えるときに使っておこう。

こう考える人が多くのモノサシをつくり、人間性も磨いていくことになる。もちろん、仕事の成果もグングン上がる。

エピローグ

自分の弱さから逃げない生き方

自分の弱さから逃げない生き方

人生を有意義なものにしたいのなら、仕事も、人生にとって意味あるものにしたほうがいい。

もし、今そう思えないのであれば、あなた自身が、自らの意志で変わることこそ大切なのだ。その確固たる意志と具体的な行動が、今後の人生を大きく左右する。

自分を変えるための第一条件は、自分の弱さから逃げないこと。人間は弱い生き物だ。逃げるとラクかもしれない。けれど、一度逃げるとクセがつく。そうなれば、一生、挑戦することの楽しさを忘れて過ごすことになる。これはとても不幸なことだと思う。もったいないことだと思う。

人間はみんな強さを持っている

体力も気力もあり、そして経験も積んできているあなた。いつでも人生では「今日」

が一番若い。今が一番若い時期に、あなた自身の金字塔をうちたてられないのでは、決して楽しい人生とは言えないのではなかろうか。

良くも悪くも勝負の時なのだ。あなたの将来をかけての挑戦を避けて通ることはできない。

失敗しても、挫折してもいいではないか。その経験を多くすればするほど、大きく成長するのだから。少なくとも、そういう考え方を持ってほしい。

「失敗したから、どうだというのだ！」

「挫折したから、どうだというのだ！」

私は、そう叫びたい。

・失敗したら→やり直せばいい
・間違っていたら→正せばいい
・問題があれば→解決すればいい
・情報不足なら→街に出ればいい
・人脈がなければ→人に会えばいい

・仕事に行き詰まれば→知恵を借りればいい
・仕事が遅いのなら→段取り・手順を見直せばいい

成功したベンチャー企業の経営者なら、みんな、次のように言うだろう。

「ビジネスには不可能ということはない。どんな人だってやってできないことはない。できないというのは、やらないだけのこと」

自己革新を忘れてしまう人は、こういう発想ができない。要するに、今以上に向上しようという気持ちが不足しているのである。向上心がなくなると、せっかく隠れていた弱い心が芽を出してくる。結果として、期待感も存在感もなくしてしまうのだ。自分で自分の弱さに慣れてしまえば、そのほうが心地良いから、自分の弱さを容認することになる。まさに自分の弱さがアリ地獄に引きずり込まれるように……。

こういう心理状態になれば成果を出すことはできない。成果の出ないビジネスはビジネスではない。ビジネスで成果が出せない人が、悔いのない人生を送れるとは私には思えない。

「失敗してもいいから挑戦してみよう……」という気持ちを持ち続けることが、自分の弱さから逃げない秘訣だ。
どんな人も、みんな強くなれる。強くなれないと思う人は、自分を強くする術を知らないのだ。本書を読んでいただいたのなら、自分の弱さを克服するヒントが数多く見つかったのではなかろうか。

我ながら言うのもおかしいが、**本書はかなり暑苦しい**と思う。それなのに、なぜ、ネコパンチの表紙なのか違和感を覚える方も少なくないかもしれない。

ネコパンチを食らったことがある人ならおわかりだと思うが、見た目のかわいらしさに対して、結構な威力がある。そして、ネコらはしつこい。自分の思いどおりになるまでパンチを繰り出してくる。本書を読んでくれた方々には、その意気で**己の殻をやぶりにいってほしい。**

挑戦意欲を持ち続ける人生でありたい

世の中で成功を収めるような人や、自分の思う通りに生きている人は、失敗を繰り返しながらも、その経験を糧にしながら次の策を練って挑戦し続けている人だと私は思う。

私は、数多くの「成功者」に会ったが、**成功の連続なんて人は一人もいなかった。**

みんな失敗しながら、そして挫折を経験しながら「成功」を勝ち取ったのだ。

そういう人の生き方には、思わず感動してしまう。

自分の限界に挑戦してきたからだ。自分の人生を大切に生きているからだ。

もちろん、失敗なんか恐れていない。ビジネスパーソンにも、この意識が大切だ。

失敗しても、その経験を教訓として生かせばそれは失敗でなくなる――。

この考え方で突き進めば怖いものはない。

失敗したくないということは、自分の弱さを自ら認めていることだと思う。

挑戦すれば失敗がついて回るのは当然のことだ。失敗しないよりは成功するほうがいいに決まっている。だが、失敗しない人は何の挑戦もしない人である。

私は、これが一番大きな失敗だと考える。

私自身、失敗しながらこの現実に気づいたとき、初めて強くなれたような気がした。

自分の力でハードルを越えたときの充実感は何ものにも代え難いものである。そして新たな勇気が沸いてくる。

自分の人生を精一杯生きるということは、失敗をしながらも、それをバネに変えてより高いハードルに挑戦することではないだろうか。

仕事も同じことである。

あなたの今までの人生で、失敗を恐れずに挑戦したことが何度あるだろうか。

その数が多い人ほど、人生を真剣に、そして前向きに生きている。

最後に「喝！」……これが真実！

◎変われないのではない。変わる気がないのだ。
◎できないのではない。やらないだけだ。
◎会社が悪いのではない。あなたがダメなのだ。
◎うまくいかないのではない。うまくいく方法を実践しないだけだ。
◎成果は出るものではない。出すものだ。
◎行動力がないのではない。すぐにやらないだけだ。
◎意欲がないのではない。夢やロマンがないだけだ。
◎給与が安いのではない。安い仕事しかしないからだ。

◎仕事がつまらないのではない。おもしろくしないだけだ。
◎人が力を貸してくれないのではない。人を活用できないからだ。
◎目標が達成できないのではない。戦略がないのだ。
◎部下がついてこないのではない。あなたに魅力がないのだ。
◎戦略がないのではない。勉強しないだけだ。
◎仕事に追われるのではない。追いかけるのだ。
◎知恵がないのではない。生む出す工夫をしないだけだ。
◎自分は弱いのではない。強くする努力をしないだけだ。

「さあ、やるかやらないかで生きてみよう！」

【著者紹介】
岩泉拓哉（いわいずみ・たくや）
◎――1951年、鳥取県の山奥の禅寺に生まれる。18歳で得度し僧籍を得る。早稲田大学政経学部卒業後、大手証券会社、出版社でサラリーマン生活を送る。37歳で一念発起し、マスコミ関連の会社を設立、現在に至る。
◎――ビジネスパーソンとして何が大切かを、紆余曲折の人生経験から学んだ知恵を元に本音で語る。口は悪いが人情派で熱血漢。「すぐやる」が信条。
◎――主な著書に『伸びる男は人の力の借り方がうまい』『頼れる男ほど存在感がある』『営業の基本がしっかり身につく本』『こうやって売ればいいんです』『説得・交渉の基本がわかる本』などがある。

自分の「殻」をやぶる生き方

2020年10月25日　第1刷発行

著　者　岩泉拓哉
発行者　八谷智範
発行所　株式会社すばる舎リンケージ
〒170-0013
東京都豊島区東池袋3-9-7　東池袋織本ビル1階
TEL 03-6907-7827　FAX 03-6907-7877
http://www.subarusya-linkage.jp/

発売元　株式会社すばる舎
〒170-0013　東京都豊島区東池袋3-9-7
東池袋織本ビル
TEL 03-3981-8651(代表)03-3981-0767(営業部直通)
振替 00140-7-116563
http://www.subarusya.jp/

印　刷　ベクトル印刷株式会社

落丁・乱丁本はお取り替えいたします。

ISBN978-4-7991-0939-7